U0129395

文心雕龍學思論集

溫 光 華 著

文 史 哲 學 集 成
文史哲出版社印行

國家圖書館出版品預行編目資料

文心雕龍學思論集 / 溫光華著. -- 初版 --
臺北市：文史哲出版社, 民 112.07
　頁；　公分（文史哲學集成；751）
ISBN 978-986-314-647-6（平裝）

1.CST：文心雕龍　2.CST：學術思想
3.CST：研究考訂　4.CST：文集

820　　　　　　　　　　　　112012354

文史哲學集成　751

文心雕龍學思論集

著　　者：溫　　　光　　　華
出 版 者：文　史　哲　出　版　社
　　　　　http://www.lapen.com.tw
　　　　　e-mail：lapen@ms74.hinet.net
登記證字號：行政院新聞局版臺業字五三三七號
發 行 人：彭　　　正　　　雄
發 行 所：文　史　哲　出　版　社
印 刷 者：文　史　哲　出　版　社
臺北市羅斯福路一段七十二巷四號
郵政劃撥帳號：一六一八〇一七五
電話886-2-23511028・傳真886-2-23965656

定價新臺幣三四〇元

二〇二三年（民一一二）七月初版

自 序

　　《文心雕龍》廣受今日學者關注,是古典文論研究中的顯學,相關研究論著種類數量之多,涉及面向之廣,在文論研究熱潮當可謂居冠,《文心雕龍》在成書一千五百多年後仍能受到如此重視,固然令人讚歎,但理論高度的複雜性、大量如汪洋深海般的研究文獻,也著實易讓入門初探者卻步,而想要進窺堂奧甚或選題深究者,則不免有舉步維艱之歎。

　　從《文心雕龍》的讀者、學習者,進而成為《文心雕龍》的研究者、教學者,這一耗費心力的學思歷程,在教學及生活瑣事的夾縫中靜靜推展,進度相當緩慢,自愧成果仍頗為有限。今日展讀諸篇文稿,懷想昔日初心,尤覺往事歷歷在目,其中甘苦備嚐,點滴滋味在心頭。

　　本書集結自己近年在《文心雕龍》學術範疇探索的部分成果,六篇論文分別從「文心雕龍與研究傳承」、「文心雕龍與文學理想」、「文心雕龍與文學風采」、「文心雕龍與後世文論」四個不同的面向著眼,主要希望從多視角抉發《文心雕龍》這部文論經典深

湛的內容意蘊，並具體呈現《文心雕龍》研究開展的多元性。最後附錄則為紀念恩師王更生教授的專文，特收錄於本書，用以感念書中諸篇深受恩師昔日啟引誨育之恩，並以誌不忘。

　　本書所收論文，篇幅頁數不多，涉及面向也不甚廣，主要是用來作為個人在《文心雕龍》研究領域勤耕力墾的學思紀錄，然學識能力多所囿限，其中思慮未精、闡述未備之處必然難免，除自勉學無止境，當持續精進，唯望蠡管之見、一隅之得，亦偶有可採。是為序。

　　　　　　　　　　沈兆華 謹誌於 2023 年仲夏

文心雕龍學思論集

目　次

文心雕龍與文學風采

文心雕龍與後世文論

文心雕龍與研究傳承

壹、守先待後，鎔舊鑄新
——論黃叔琳《文心雕龍輯注》的學術性質與成就

一、前　言

　　在中國文學理論的發展史上，劉勰的《文心雕龍》可說是首屈一指的經典之作。其持論宏博賅富，早有「體大慮周」之譽，並且受到古今學者的一致肯定，時至今日，更已成為蜚聲國際的漢學名著。然而「龍學」熱潮的形成，並非一蹴可幾，實由於學者的長期墾拓，逐步積澱而成。劉勰《文心雕龍》成書問世後，流傳並不廣遠，經隋歷唐，學者雖多所徵引、襲用或品評，然皆未見具體整理者，更無論深入探索。直至宋代才有辛處信首開先聲，為之作注，而其書早已闕佚，影響力顯然有限。明代雖有王惟儉《文心雕龍訓故》、梅慶生《文心雕龍音註》等具體整理成果，

但其書疏略未周,流傳亦不甚廣,對於《文心雕龍》研究
之推助,作用亦未能彰顯。因此,若要回眸檢視這股「龍
學」研究的熱潮,則不能不從清代談起。

清代可謂中國傳統學術的總結時期。學者以考據的方
法,整理國故,以務實的態度,推陳出新,故能為古籍帶
來不少生機。考據學風由經籍,擴及史子集諸部之書。而
文辭精深,典實奧衍的《文心雕龍》,也更受學界青睞,
成了尋章摘句、補脫正訛的校勘及考據的對象。其中黃叔
琳《文心雕龍輯注》正是此潮流中的一員。

黃叔琳仕宦及學術背景皆相當豐厚,亦熱衷於學術文
化事業。其《文心雕龍輯注》能在成書後廣為流傳,固屬
時勢所趨;而躍居清代「龍學」要籍,為《文心雕龍》研
究推波助瀾,則是學術發展機緣的造就。此注上承明代校
注成果,下啟民國以降學術新運,兩百年間,確實發揮了
不容忽視的影響力。楊明照謂黃注:

> 刊誤正譌,徵事數典,皆優於王氏訓故、梅氏音註
> 遠甚,清中葉以來最通行之本也。[1]

今日學術時勢丕變,治學方法日新月異,研究面貌也已遷
貿,但其守先待後,鎔舊鑄新的歷史地位,仍值得關注。

---

1 見楊明照:《增訂文心雕龍校注・下・版本第八》(北京:中華書局),
　頁 1027-1028。

故本文即著眼於此，從版本、校勘、注釋、評點等面向，探討其書的學術性質與成就，期能在清代《文心雕龍》研究的傳承脈絡中，爲黃叔琳《文心雕龍輯注》找到合理的定位。

二、黃注成書的學術背景與因緣

　　黃叔琳（1672－1756），字崑圃[2]，為清初三朝官場權臣，亦為士林重要學者，其勤讀好學[3]，著述頗豐，主要有《周禮節訓》、《夏小正傳註》、《硯北易鈔》、《詩統說》、《宋元周易解提要》、《宋元春秋解提要》（以上經部）；《太夫人事實錄》、《史通訓故補》、《西亭王公行狀》（以上史部）；《硯北叢錄》、《硯北雜錄》（以上子部）；《顏氏家訓節鈔》、《文心雕龍節鈔》、《文心雕龍輯注》、《養素堂詩文集》（以上集部）等[4]，其中《文心雕龍輯注》（以下簡稱黃注）一書，尤稱黃氏最為後世所知的代表名作，是《文心雕龍》研究自清代以降極

---

2 此據清顧鎮編：《清初黃崑圃先生叔琳年譜》（臺北：商務印書館，1978 年 5 月）；另徐世昌《大清畿輔先哲傳》（臺北：明文書局）則稱黃叔琳字宏獻，號崑圃。

3 清李元慶《清朝先正事略》謂：「公性嗜學，公餘時手一編，至耄耋不倦。」（臺北：明文書局清代傳記叢刊 192），頁 382。

4 以上參據清顧鎮編：《清初黃崑圃先生叔琳年譜》、徐世昌編：《大清畿輔書徵》（臺北：廣文書局）、《北京圖書館古籍善本書目》（北京：書目文獻出版社）等書綜錄。

具影響力之校注。其書自成體系,集校、注、點、評於一身,為清代以降的《文心雕龍》研究,開啟了序幕,也樹立了深具時代意義的里程碑。

至於黃注何以應運而生?其成書之背景如何?當有必要先加以探求。故以下分從考據學風、評點時習及士人合力校訂等三項學術背景,考察黃注成書之因緣。

(一) 考據學風的實踐

考據工作本身在於求真,從漢代已來即是讀經通經之要道,但成為一種風氣,則是明代中期以後的事,直到清代,更普及為全面性的活動。[5]考據學蔚為清代學術的主流,一則是對晚明學者束書不觀,空談心性風氣的反動,故改倡言必有徵、事必探本的治學精神,力求通經致用;再則與清初為鞏固政權,對漢族知識分子採取壓制政策有關,文士為明哲保身,漸遠離政治,韜光養晦,轉向名物訓詁;另則因清代繼承歷代大量的文獻遺產,有讎校、訓解、辨偽、輯佚與整理的迫切需要。於是自古由來已久的考據活動,在清代的學術風氣中得到充分滋養,遂至於鼎盛。

黃叔琳出身於儒門,自幼即熟諳經書[6]。及長,從師問

5　參見林慶彰:〈實證精神的尋求──明清考據學的發展〉,《中國文化新論學術篇──浩瀚的學海》(臺北:聯經出版社,1994年5月),頁296。

6　唐鑑《國朝學案小識》謂黃氏「具夙慧,成童即通四書五經。」(臺北:明文書局清代傳記叢刊002),頁602。

經，往復論學，終身嗜讀不倦，由於政事文章俱為通顯，時人推為「北平黃先生」[7]，可說是儒士之典型。黃氏身處考據學風將盛時代，公餘之暇，累積了不少古籍整理的經驗[8]。他秉承儒士通經的傳統，校讀典籍，深感前賢在《文心雕龍》校注方面的成果難愜人心，故重為考訂校勘，並在已有的基礎上繼續廣稽博考，徵引故實。他曾提到：

> 明代梅子庚（筆者按：應為子庾）氏為之疏通證明，什僅四三耳，略而弗詳，則創始之難也。又句字相沿既久，別風淮雨，往往有之。雖子庚自謂校正之功五倍於楊用修氏，然中間脫訛，故自不乏，似猶未得為完善之本。余生平雅好是書，偶以暇日，承子庚（庾）之綿蕞，旁稽博攷，益以友朋見聞，兼用眾本比對，正其句字。[9]

可見其整理典籍的動機及用心。

　　黃氏雖未居考據學家之列，亦非專注於考據工作的學

---

7 清李元慶《清朝先正事略》謂：「公以文學政事受知三朝，當代推為鉅儒，天下士識與不識，皆曰北平黃先生。」（臺北：明文書局清代傳記叢刊 192），頁 382。

8 據《清初黃崑圃先生叔琳年譜》載：康熙三十七年，公二十七歲，與修一統志及淵鑑類函等書；康熙四十九年，刻《漁洋詩話》；雍正二年，刻《顏氏家訓節鈔》；雍正五年，定《周禮節訓》；乾隆十年，刻《夏小正》；乾隆十二年，刻《史通訓故補》；乾隆十四年，重刻《漁洋詩話》、刻《五代詩話》。

9 見黃叔琳：《文心雕龍輯注‧序》（臺北：中華書局四部叢刊本）。

者，但其治學尚篤實，運用傳統校注之法讀古書，實屬考據學風的延續與具體實踐。

（二）評點時習的沾溉

評點是中國文學批評中極有特色的一項批評方式。關於評點的緣起，章學誠曾說：

> 自學者因陋就簡，即古人之詩文，而漫為點識批評，庶幾便於揣摩、誦習。[10]

可知評點本身與士人喜好在書的字裡行間，任意用丹黃抹畫、圈點的習慣有關。原本抹畫多施於文章關鍵處，後來也用於警策之句。施於關鍵處的是長畫，施於警策文句的是短畫，短畫逐漸變為點，點又變為圈。[11]抹畫圈點之外，評家甚至在眉端加上品藻褒貶用語，或從文章結構著眼，分析章法字法；或由鑑賞角度，評議作品工拙。這些評點符號與簡短語句，雖自出心裁，不成系統，卻頗有助於讀者心領神會。此風從唐形成，經宋、元發展，至明清兩代全盛，範圍也從詩文，擴及小說與戲曲。[12]就以清初之時

---

10 見章學誠：《文史通義校注・校讎通義・宗劉第二》（臺北：里仁書局，1984 年 5 月），頁 958。

11 以上參見鄭明娳：〈小說評點學初探〉，《古典小說藝術新探》（臺北：時報文化出版，1987 年 12 月），頁 278-279。

12 參見孫琴安：《中國評點文學史》（上海：上海社會科學院出版社，1999 年 6 月），頁 3-5。

來看，頗見名家名評，如毛奇齡編有《唐七律選》、《唐人試帖》，其中皆經評點，並評點過《西廂記》；王士禎評點過杜詩、《聊齋誌異》；朱彝尊評杜詩、李商隱詩；趙執信評點過《李太白詩》、《唐詩鼓吹》；汪琬、邵長蘅也都評點過杜詩；張竹坡評點過《金瓶梅》；查慎行評點《瀛奎律髓》；儲欣評選《唐宋十大家全集錄》。[13]由此可見評點風氣盛行之一斑。

　　就《文心雕龍》的評點而言，明代即有楊慎、曹學佺與鍾惺三家。楊慎以五色筆評點，曹學佺有「參評」，後皆為梅慶生《文心雕龍音註》採入；鍾惺則曾將《文子》、《新論》、《鬼谷子》、《公孫龍子》及《文心雕龍》等五書之評，合為「合刻五家言本」[14]，其中評《文心雕龍》部分計七十四條。此三家大抵著眼於《文心雕龍》的文辭藻采，對於文論之精微，則較少闡發。[15]如黃注例言提及楊氏評語大致立意取向：

　　　升庵批點，但標詞藻，而略其論文之大旨。

13　同上，頁 233-240。

14　楊氏及曹氏評語，可見於梅慶生《文心雕龍音註》萬曆四十年復校本、天啟二年校訂後重修本及凌雲套印本。鍾惺評本則尤為鮮見。詳參楊明照《增訂文心雕龍校注・下・版本第八》(北京：中華書局，2000 年 8 月)，頁 1020-1030。

15　詳參祖保泉：〈試論楊、曹、鍾對文心的批點〉，載於《文心雕龍學刊》第四輯。

雖然三家評語流傳不廣，現已難親睹原貌，但在黃氏編訂
《輯注》時，不但將之視為重要參據[16]，其評點批語的形
式，對黃氏而言，當不無影響。故黃注偶於書之眉端批註
讀後心得，或於其書多篇中施以三式圈點，關於圈點之體
例，黃注例言云：

> 今於其論文大旨處，提要鈎元用。。，于其辭藻纖
> 穠新雋處，或全句或連字用、、，於其區別名目處
> 用△△，以志精擇。

可見黃注之評點，亦受當時學界評點時習影響，其與學風
之關聯，實不容漠視。

（三）士人合力校訂的成果

　　《文心雕龍》經唐宋，歷元明，流傳至清，刊本並不
多，注本尤為少見，在原典本身「使事遣言，紛綸葳蕤，
罕能切究」[17]之研讀困境下，精詳的校注益顯迫切。再加
上「舊本流傳既久，《音注》多訛」[18]，因此黃叔琳於雍

16　三家皆為梅慶生《文心雕龍音註》「校讎姓氏」所列，後來黃注也
　　襲用列入「元校姓氏」。
17　見黃叔琳：《文心雕龍輯注・序》（臺北：中華書局四部叢刊本）。
18　見顧鎮編：《清初黃崑圃先生叔琳年譜》（臺北：商務印書館），頁
　　55。

正九年（西元 1731 年）前後，在「暇日繙閱，隨手訓釋」[19]
中，開始纂輯《文心雕龍輯注》，更歷多載，終於乾隆六
年（西元 1741 年）正式刊行，期間長達十年有餘。由此可
知，黃注並不成於一時；事實上也不成於一人之手，而是
經過多人、多次參訂之後的成果。關於此點，可由顧鎮編
《清初黃崑圃先生叔琳年譜》得知，黃注在付梓前，曾有
多人參與論訂：

> 適吳趨文學顧尊光進來謁，因與共參訂焉。（雍正九
> 年）錢塘孝廉金雨叔來，……公知其學問素優，出
> 所輯《文心雕龍註》，屬為校訂。（乾隆二年）

> 時陳祖范來署，因將校定雕龍本復與論訂。而雲間
> 姚平山廷謙（筆者按：廷謙或為培謙之誤）適至，
> 請付諸梓。（乾隆三年）

可知黃注一校於顧進（尊光），再校於金甡（雨叔），至
乾隆三年，又與陳祖范論定，最後才交由姚培謙付梓。平
山慎重其事，自謂「譾劣無能為役，又良工難得」[20]，故
拖延至乾隆六年才完成刊行。黃氏在《輯注‧例言》中亦
謂：

---

19 同上註。
20 見《文心雕龍輯注》養素堂刊本之姚培謙識語。

> 其參攷注之得失，則顧子尊光、金子雨叔、張子實
> 甫、陳子亦韓、姚子平山、王子延之、張子今涪及
> 諸同學之力居多。

顧進、金甡、陳祖范（亦韓）、姚培謙等人均為黃氏門生，
對此注成書出力尤大。書成之後，黃氏門人聶松巖曾指出：

> 此書校本實出先生，其注及評，則先生客某甲所為。

紀昀也謂：

> 此注不出先生手，舊人皆知之。[21]

更明白點出該書不獨成於黃氏一人，也非出於一人之手的
事實。至於「客某甲」究屬何人，由於文獻有限，仍難斷
言。[22]但由黃氏「性好著書，隨時與所善商榷參校」[23]的著
述背景，可確知黃注實是集合眾力，經過往復參訂而成的
一部校注之作。

---

21 以上兩語見於〈文心雕龍輯注‧序〉後之跋語。
22 關於此問題之探討推測，可參見拙作：《文心雕龍黃注紀評研究》
（臺北：國立臺灣師範大學國文研究所碩士論文，1997 年 6 月），
第三章第二節〈黃注之成書與刊行〉，頁 20-25。
23 見清鍾儀吉：《碑傳集》（臺北：明文書局清代傳記叢刊 110），卷
69，頁 36-37。

三、整合與因革──
黃注版本校勘學的性質與成就

選擇版本是讀書治學的首要步驟，也是校讀典籍的基礎工作。底本不正，校勘勢必費功，而輕率為訛誤之本作注，則不免誣解古人，甚至貽誤後學。而校勘學的主要任務，則在於廣徵各時代的諸多版本，從中判斷字句正誤，力圖還原典籍的原貌。故版本與校勘，兩者密切相關，互為因果，甚至可說校勘學的成就其實得力於版本研究的基礎[24]。

《文心雕龍》的版本種類極夥，據楊明照先生《增訂文心雕龍校注》的統計，得以寓目者，計有寫本十一種，刻本三十七種（單刻本二十七種，叢書本十種），校本十九種。[25]異本紛呈，確實可觀。尤其清代時期的刊本，又「多由黃氏輯註本出」[26]，可見黃注在版本方面，有相當程度的權威性，故能成為各本的基礎。然若進一步考察黃注版本與校勘學上的成就，則其參稽眾本，擇善而從，並傳承古本的整合性特質，以及對前代校勘成果的因革，最

24　姚伯岳《版本學》云：「校勘工作必須以版本研究為前提和基礎，必須借助于版本研究的成果。」見該書(北京：北京大學出版社)，第一章，頁 17。

25　詳參楊明照：《增訂文心雕龍校注・下・版本第八》(北京：中華書局)，頁 1009-1041。

26　見楊明照：《增訂文心雕龍校注・下・版本第八》，頁 1009。

值得留意。

　　首先，就黃注的整合性說明。《文心雕龍》「句字相沿既久，別風淮雨，往往有之」，亟待整理。明代已有不少《文心雕龍》校刻本，其中流傳較廣，影響較大者，首推梅慶生《文心雕龍音註》。梅氏曾「取諸家所校眾本，參互攷訂，以改其誤，補其脫，刪其衍，視元本自謂五倍其功。」[27]書成之後，又先後經多次重修刊刻[28]，由此可略見其「愛好之篤，用力之勤」[29]。而從《音註》書前所列「文心雕龍讎校姓氏」及「音註校讎姓氏」更可確知，梅氏匯聚了當時楊慎、焦竑、朱謀瑋、曹學佺、謝兆申等三十二人的校勘心力，亦即《音註》可說是明代諸多版本的集大成之作[30]。而黃叔琳在版本的選擇上，便取梅慶生《音註》萬曆本為主要底本[31]。固然《音註》「中間脫訛，故

27　語見梅慶生：《文心雕龍音註‧凡例》（明天啟二年本），現藏臺北國家圖書館。

28　戶田浩曉謂《音註》「不同的板本即有五種，再加上未見的陳長卿本，即至少有六種板本存在。刊行的時間上為萬曆三十七年，下為天啟六年，其間僅二十餘年，梅慶生等人對《文心雕龍》的關心熱愛，由此可以想見。」見〈文心雕龍梅慶生音註本的不同板本〉，收於《文心雕龍研究》(上海：上海古籍出版社，1992 年 6 月)，頁 165。

29　語見楊明照：《增訂文心雕龍校注‧下‧版本第八》，頁 1023。

30　汪春泓即謂：「梅慶生所作音註吸收了當時及其以前的龍學成果，可謂遍稽各種版本，除了自己獨得之見外，還根據眾家已有校注成果作取捨，故在當時就既是集大成又是奠基性的著作。」參見《文心雕龍的傳播與影響》(北京：學苑出版社，2002 年 6 月)，頁 86。

31　楊明照《增訂文心雕龍校注‧上‧諧讔第十五》校語云：「黃氏底本為萬曆梅本。」頁 200。

自不乏，似猶未得為完善之本」，但卻是奠定基礎、催生黃注的有力功臣。

　　在版本學上，多強調所謂「善本」，至於「善本」，歷來定義不同，如張之洞曾提出：「善本非紙白、版新之謂，謂其為前輩通人用古刻數本精校細勘，不譌不缺之本也。」又謂：「善本之義有三：一曰足本（無缺卷、未刪削），二曰精本（精校、精注），三曰舊本（舊刻、舊抄）。」(見《輶軒語・語學篇・讀書亦求善本》)可知凡經「精校細勘」，且「不譌不缺」，符合「足本」、「精本」、「舊本」之條件者，得以稱為善本。若依張之洞這定義來檢視黃注，其書當有可資稱道之處：一方面，黃氏雅愛《文心》，在編訂《輯注》之前，曾編有《文心》節鈔本，後又因考量到劉勰全書「難於裁節」、「未易去取」[32]，仍思採錄全文，故符合無缺卷、未刪削之「足本」條件。另一方面，底本梅注本身已為多次重修勘訂之本，而黃注在刊梓前，亦經多人多次論訂，由此可謂為精校細勘之「精本」。

　　雖然據說黃注成書後有「不暇推勘而遽刻之，尋自悔也」[33]的遺憾，但黃氏不墨守一家，並廣徵別本，鄭重其事，讓自己的校注趨近善本的用心，便值得肯定。

　　其次，再就黃注校勘的因革性說明。黃氏「承子庚之綿蕝」，以梅慶生《文心雕龍音註》為底本，另又「旁稽

---

32 語出黃叔琳：《文心雕龍輯注・例言》（臺北：中華書局四部叢刊本）。
33 語出紀昀評《文心雕龍輯注》吳蘭修之跋語。

博攷，益以友朋見聞，兼用眾本比對，正其句字」。其行間校語雖大半因襲自梅注[34]，但亦另有不少革新。以下進一步從方法及態度兩方面，突顯其書校勘之特色：

（一）在方法方面

用今日較科學的眼光來看文獻的校勘方法，其中較重要者，有對校法、本校法、他校法及理校法等四種。[35]除本校法較少為黃注運用外，其他諸法，則兼綜運用。黃氏在梅注的基礎上，運用「對校法」，旁稽「眾本」比對，以正其句字。如王惟儉《文心雕龍訓故》、汪本、何焯校本、馮舒校本等，均為黃注常用來「對校」之本，以下各舉數則校勘文例，以見其大略：

1. 王惟儉《文心雕龍訓故》

〈指瑕〉：「若『排』人美辭。」校云：「王本作掠。」

〈知音〉：「翫『澤』方美。」校云：「王作繹。」

2. 汪本：黃注對「汪本」未有確指，或為明汪一元本。

〈麗辭〉：「類此而思，理『自』自見也。」校云：「汪本作斯。」

〈事類〉：「操刀能割，必『列』膏腴。」校云：「汪作裂。」

34　楊明照云：「黃氏校語多沿用梅氏萬曆音註本，並非親覩元刊也。」見《增訂文心雕龍校注・下・序跋第七》，頁985。

35　參見陳垣：《校勘學釋例》（臺北：臺灣學生書局，1971年），卷六，第四十三「校法四例」，頁144-149。

3.馮舒校本：

〈原道〉：「唐虞文章，則煥乎『始』盛。」校云：「馮本作為。」

〈諧讔〉：「尤『而』效之，蓋以百數。」校云：「一作相。」

按：梅注原即作「相」，黃注蓋從馮舒說改。楊明照《增訂文心雕龍校注・諧讔第十五》校語：「馮舒云：『相』當作『而』。」

4.何焯校本：黃注據何本者，皆未明言，今係據楊明照《增訂文心雕龍校注》校語得知。

〈宗經〉：「採掇『生』言。」校云：「疑作片。」

按：楊明照《增訂文心雕龍校注・宗經第三》校語云：「此襲何焯說。」

〈哀弔〉：「迷方『告』控。」校云：「一作失。」

按：楊明照《增訂文心雕龍校注・哀弔第十三》校語云：「何焯校作『失』。」

其次，是「他校法」，即取他書與底本覈驗，如黃注常據《太平御覽》作為校改的主要參考：

〈原道〉：「原道心以敷章。」校云：「以敷，一作裁文，從御覽改。」

按：梅注、王注即作「裁文」，此處黃注另依《御覽》校改。

〈明詩〉：「若夫四言正體，則雅潤為本，五言流調，則清麗居宗。」校云：「兩則字從御覽增。」

〈史傳〉：「『昔者』夫子閔王道之缺。」校云：「二字從御覽增。」

〈史傳〉：「若司馬彪之詳實。」校云：「若字從御覽增。」

或者參考原典校改者，如：

〈徵聖〉：「顏闔以為仲尼飾羽而畫，『徒』事華辭。」校云：「莊子作從。」
按：黃注注釋引《莊子·列禦寇》之原典，作為此處校改之根據。

〈比興〉：「王褒洞簫云：優柔溫潤，如慈父之『畜』子也。」
按：梅注、王注原作「愛」字，黃注卻據《文選·洞簫賦》直接改正，唯未加校語。

最後，對於諸本未校出者，則採取「理校法」，逕依上下文意或己意校改，如：
〈頌讚〉：「咸墨為頌。」黃注「咸墨」條有校云：

「墨應作黑。」

按：楊明照《增訂文心雕龍校注‧頌讚第九》校語云：
　　「按作『咸黑』是。咸黑事見呂氏春秋古樂篇。」
　　（頁112）。

〈封禪〉：「夷吾譎『陳』，距以怪物。」校云：「當
作諫。」

按：楊明照《增訂文心雕龍校注‧封禪第二十一》校
　　語云：「此襲馮舒、何焯說。」又云：「按諫字
　　義勝。奏啟篇：『谷永之諫仙』，御覽引作『陳
　　仙』，是『諫』、『陳』易誤之例。」黃注雖未
　　明言校改依據，為順理而改之例。

〈才略〉：「議『愜』而賦清。」

按：梅注、王注原作「擺」（王注以框標疑，但未改），
　　黃注此處逕改為「愜」，是也，唯未加上校語。

諸例或改正前人所校，或由黃注依文理校出，均為衡量黃
注實際校勘貢獻的重要指標。

(一)在態度方面

黃注之校勘工作，有其體例，如在卷首「例言」云：

　　諸本字句互有異同，擇其義之長者用之，仍於本句

　　　　下注明「一作某」，或「元作某字，從某改」，或「元
　　　　脫，從某補」。

此則例言中標出「一作某」（另存一說）、「元作某字，
從某改」（校改訛誤）及「元脫，從某補」（增補脫文）
時之校語。但若再稍加彙整，黃注所用校語尚不止於此[36]。
表另存一說者，除「一作某」外，亦有「一作某，又作某」、
「某本作（改）某」、「一本有（無）某」等，皆並列他
說以備參考；表校改訛誤者，除「元作某字，從某改」外，
又有「元作某」、「元作某，某改」、「元作某，某據（效、
按）改」、「元作某，按（原典）改」、「一作某，從某
改」等例，多標出根據；表增補脫文者，除「元脫，從某
補」外，亦有「元脫」、「元脫，某補」、「元脫，按某
補」、「元脫，某按某補」、「某字從某增」；另外，對
於衍文、倒文等情形，亦皆加註校語；至於心疑其非，然
證據不足，難以斷定者，黃注則以「疑作某」、「疑誤」
等校語，以示存疑而不妄改，如：

　　　〈原道〉：「發『輝』事業。」校云：「疑作揮。」
　　　〈徵聖〉：「妙極『機』神。」校云：「疑作幾。」
　　　〈物色〉：「『印』字而知時。」校云：「疑作即。」

---

36 關於黃注之校勘條例，詳見拙作：《文心雕龍黃注紀評研究》（臺
　　北：國立臺灣師範大學國文研究所碩士論文，1997 年 6 月），第四
　　章第一節，頁 39-54。

雖未云根據，但皆置疑而不任意改動。蓋理校之難在於定
是非，故宜避免妄改而造成訛誤。此正可見其實事求是，
對校勘的審慎態度。另有並存他本之說以備參（曰「某作
某」或「一作某」）之例，如：

〈銘箴〉：「易入新『切』。」校云：「御覽作麗。」
〈史傳〉：「以審正『德』序。」校云：「御覽作明。」
〈聲律〉：「『識疏』閡略。」校云：「汪本作疏識。」

所備他說未必皆可採，然將他本異文保留，不獨尊己說，
以俟來者取決，其所持校勘態度可謂相當謹慎。

四、博徵與客觀——
黃注注釋學的性質與成就

劉勰嘗云：「注解為書，所以明正事理。」（《文心
雕龍・指瑕》）概括出注釋具有排除文意隔閡，增進閱讀
理解的作用。《文心雕龍》取材宏博精富，行文語深意奧，
注釋工作自然難以全備。宋代辛處信首開為《文心雕龍》
作注之先例，但其書僅留空目[37]，後世難睹全貌；明代梅
慶生、王惟儉則在校勘工作之餘，也開始「討求故實」[38]，

---

37 見《宋史・藝文志》著錄。
38 語見王惟儉：《文心雕龍訓故・凡例》（日藏明刊本）。

徵事取典，且略具規模。黃注「例言」云：

> 梅子庚（筆者按：應為子庚）《音注》流傳已久，而
> 嫌其未備，後得王損仲本，援據更為詳核，因重加
> 攷訂，增注什之五六，尚有闕疑數處，以俟博雅者
> 更詳之。

黃叔琳踵繼梅氏《音註》、王氏《訓故》之業，後出轉精，
詳考增注，舉凡經、史、子、集等各部群籍，皆廣徵博引，
對於《文心雕龍》的為文用心，頗有「明正事理」之功。
《四庫全書》對黃注的成書梗概有提要云：

> 梅慶生復創為之注，不過粗具梗概；王惟儉踵之而
> 作，援據始稍稍加詳。叔琳此本，蓋因二家之注而
> 增損之，徵引詮釋，頗為賅貫。……其疏通證明，
> 大致純備，較之梅王二注，則宏贍多矣。[39]

綜觀黃與梅、王三家注本，其注釋的性質並不屬章句訓詁
的疏解，而在於考證《文心雕龍》文中難以通曉的典故語
源。而黃注一改梅注引文繁雜、詳略不均的缺點，另又博
采周咨，力求簡明詳備，較之王注「增注什之五六」。從
注釋數量上來看，上篇（〈原道〉至〈書記〉）部分，梅

---

39 見《四庫全書・集部九・詩文評類》「文心雕龍輯注提要」。

注共二二七條，王注共六〇八條，黃注則大幅增加至九六
三條；下篇（〈神思〉至〈序志〉）部分，梅注僅六十五
條，王注共二五七條，黃注則擴增至五一三條，可見黃注
注釋數量已大幅增加[40]。另外，也值得注意的是，黃注為
《文心雕龍》行文詞彙探求更切要語源來歷的企圖心，也
至為明顯。[41]以下舉數則注釋說明：

> 〈諸子〉：「類聚而求，亦充箱照軫矣。」
> 　黃注「充箱」條引《韓詩外傳》云：「成王之時，
> 　　　有三苗貫桑而生，同為一秀，大幾滿車，長
> 　　　幾充箱。」
> 「照軫」條引《史記·田敬仲完世家》云：「梁王曰：
> 　　　寡人國小，尚有徑寸之珠，照車前後各十二乘
> 　　　者十枚。」
>
> 〈體性〉：「得其環中，則輻輳相成」
> 　黃注「環中」條引《莊子·齊物論》云：「樞始得其
> 　環中，以應無窮。」

---

40 關於黃注在注釋質量的改進，詳見拙作：《文心雕龍黃注紀評研究》
（臺北：國立臺灣師範大學國文研究所碩士論文，1997 年 6 月），
第六章第一節，頁 137-142、173。

41 汪春泓謂：「梅、王顯然側重於歷史大事件、作家作品等顯性的典
故，而黃氏已經意識到《文心雕龍》語詞皆有其淵源的文體特徵，
就更自覺地推敲每一語詞的出處。」參見《文心雕龍的傳播與影
響》（北京：學苑出版社，2002 年 6 月），頁 106。

〈章句〉：「譬舞容回環，而有綴兆之位，歌聲靡曼，
而有抗墜之節也。」

　　黃注「綴兆」條引《禮記・禮樂記》云：「行其綴
　　　　兆，要其節奏，行列得正焉。」

　　「抗墜」條引《禮記・禮樂記》云：「歌者上如抗，
　　　　下如墜，曲如折，止如藁木。」

〈序志〉：「識在缾管，何能矩矱。」

　　黃注「缾管」條引《左傳・昭公七年》云：「挈缾之
　　　　智。注：喻小智也。」

　　又引《莊子・秋水》云：「是直用管闚天。」

以上各例，梅、王兩家均未加注，而由黃注翻檢群經子史，
首發其注，主要用意顯然在爲劉勰的用語查考淵源，以證
明劉勰行文的確「苞羅群籍」[42]，無一字無來歷。注雖僅
徵引出處，未費言解釋，但與原文對照，確能由典見意，
發揮融通文義、促進理解的作用。綜觀黃注，徵典重於釋
義，具有古代注釋傳統中博徵與客觀的特點。

　　另外，黃氏在注中加上按語，博引明徵，考證正文及
前人校注疑義，故有辨正誤、明是非的作用。如〈明詩〉：
「江左篇製，溺乎玄風，……袁孫以下，雖各有雕采。」

---

42 語出黃叔琳：《文心雕龍輯注・例言》（臺北：中華書局四部叢刊
　　本）。

黃注「孫」條引《晉書》之後，有按語云：

> 舊注引孫楚，楚卒於惠帝初，不得為江左也。

梅注對此無注，王注則在引《晉書》孫綽後，又順帶提到：「《文選》又有晉孫楚詩」云云，黃注此語顯然對此而發。可見黃注並不一味因襲王注，並還重新查考，提出辨正。又〈樂府〉：「武帝崇禮，始立樂府。」黃注「始立樂府」條引《漢書・禮樂志》後按語云：

> 孝惠二年，夏侯寬已為樂府令，則樂府之立，未必始於武帝也。

此對樂府始立於武帝之說，提出質疑。劉勰此說蓋本於《漢書・禮樂志》：

> 至武帝定郊祀之禮，……乃立樂府，采詩夜誦，有趙、代、秦、楚之謳。

關於此說，明吳訥曾提出：

> 儒遂以樂府之名起於武帝，殊不知孝惠二年已命夏侯寬為樂府令，豈武帝始為新聲不用舊辭也？[43]

43　見吳訥：《文章辨體序說》（臺北：大安出版社，1998 年 6 月），頁

清郝懿行便認同黃注之見，曾有批注云：

> 按高祖四年已作武德之舞，必樂府令司其事也。樂
> 府之立，不始於武帝。黃氏此注，良為有見。[44]

樂府之立，確有早於武帝的可能。黃注從史料中尋根溯源，提出己見，因而引發關注，足見劉勰之論，仍有可議。又〈諸子〉：「惠施對梁王，云蝸角有伏尸之戰。」黃注「蝸角」條引《莊子》後按云：

> 此係戴晉人語，今云惠施，誤也。

此典出於《莊子‧則陽》：

> 惠子聞之而見戴晉人，戴晉人曰：「有所謂蝸者，君
> 知之乎？」曰：「然。」「有國於蝸之左角者曰蝸氏。」

可知此事乃戴晉人對梁惠王之語，並非惠施，劉勰或有誤記，故黃注加上按語指出。又如〈時序〉：「太祖以聖武膺籙，高祖以睿文纂業，文帝以貳離含章，中宗以上哲興運。」黃注對此引《南齊書‧高帝紀》及《南史》文後加

32。
44 引自楊明照：《增訂文心雕龍校注‧下‧攷訂第六》，頁 919。

按語云：

> 並無中宗、高祖。

指出劉勰恐有記載之誤。由黃注引文可知南齊一代有太祖高帝蕭道成、武帝世祖蕭賾、文帝世宗蕭長懋、明帝高宗蕭鸞等，並無中宗及高祖。後來范文瀾亦指出：

> 武帝廟號世祖，此云高祖，高是世之誤。南齊書文惠太子傳『文惠太子長懋，世祖長子也。鬱林立，追尊為文帝。廟號世宗。』中宗不知何帝。案明帝號高宗，豈中為高之誤歟？（注 29，頁 688）

凡此，皆可見黃注一絲不苟，不盲從附和，能在微處致疑的徵實精神。綜上所述，黃注以徵引典故為主，雖屬基礎工夫，但對於後續研究的推展而言，卻是不可或缺的助力。

五、指點與思辨——
黃注評點學的性質與成就

評點本身下筆隨意，未必皆有嚴密周全的思考邏輯，但在會心有得，片言抉要之下，其間亦有不少智慧靈光閃現，兼具抒發心得與指點閱讀門徑的效果，可助於讀者領會幽微，甚至引發深層思考，故也具有相當程度的思辯性。

黃注「例言」有云：

> 注釋例於每篇之末，偶有臆見，附於上方。

黃注之評語，約計六十六則，或詮解文論，揭示要旨；或旁引融通，隨抒己見；或對劉勰見解加以品賞讚許。從黃氏評語，可略窺其關注的取向。如強調文中要點，對〈風骨〉「若豐藻克贍，風骨不飛，則振采失鮮，負聲無力」，黃氏評云：

> 即後所云瘠義肥辭也。

將文章前後觀點之關係予以連結，點出「采乏風骨」之病。同篇對於「若夫鎔鑄經典之範，翔集子史之術」評云：

> 風骨又必從經典子史中出。

從劉勰文必宗經的觀點著眼，扼要點出風骨當由經典子史中錘鍊而成的觀念。

　　如談文章理則，對〈封禪〉「樹骨於訓典之區，選言於宏富之路，使意古而不晦於深，文今而不墜於淺」評云：

> 能如此，自無格不美，豈惟封禪，封禪文固可不作也。

表示作品之理想格調大抵相同，未必侷限於封禪之文。對
〈物色〉「莫不因方以借巧，即勢以會奇，善於適要，則
雖舊彌新矣」評云：

> 化臭腐為神奇，秘妙盡此。

文章貴能獨出新意，若一味因循舊規，其風必趨臭腐。故
若欲推陳出新，化臭腐為神奇，當把握「因方借巧」、「即
勢會奇」之理則，故黃氏以為此論盡得秘妙。

　　如抒發對文人觀感，對〈情采〉「後之作者，採濫忽
真，……故體情之製日疏，逐文之篇愈盛，故有志深軒冕
而汎詠皋壤，心纏幾務而虛述人外」評云：

> 古今文人讀此不汗下者有幾？

對〈事類〉「綜學在博，取事貴約，校練務精，捃理須覈」
評云：

> 徒博而校練不精，其取事捃理不能約覈，無當也，
> 吾見其人也。

兩則對於文人常見的創作病癥，似乎感觸良深，故借文發
揮，令讀者看來，亦頗有惕勵的作用。

　　如間接抒發自身為文經驗或甘苦，對〈神思〉「方其

搦翰，氣倍辭前，暨乎篇成，半折心始。何則？…… 意授於思，言授於意，密則無際，疏則千里。或理在方寸而求之域表，或義在咫尺而思隔山河」評云：

> 詞人所心苦而口不能言者，被君直指其所以然。

對〈物色〉「四序紛迴，而入興貴閑，物色雖繁，而析辭尚簡」評云：

> 天下事那件不從忙裡錯過，文亦然矣。

前者對劉勰分析執筆前後思與言之間落差的原因，甚表贊同，有先得我心之感；後者則對為文需「閑」，頗表會心。可見黃氏對於為文經驗已深有體會，故對劉勰之論頷首稱是。

黃氏也常在評中旁涉他人作品，並與之會通，如對於唐宋八大家之詩文，更是屢屢述及。〈鎔裁〉「思贍者善敷，才覈者善刪」評云：

> 唐宋大家之文，兩句道盡。

〈夸飾〉「軒翥而欲奮飛，騰擲而羞蹄步」句評云：

> 昌黎詩句多如此。

〈序志〉「形甚草木之脆，名踰金石之堅，是以君子處世，樹德建言，豈好辯哉，不得 已也」句評云：

> 讀歐陽修送徐無黨序，又爽然自失矣。

皆由劉勰之文，衍及唐宋八家詩文，想必深造有得，方有此如天外飛來一筆的評語，可增加讀者體會的深廣度。其他所提及之文家如〈隱秀〉評云：「陸平原云：『一篇之警策』，其秀之謂乎？」此將陸機〈文賦〉所論與劉勰「秀」乃「篇中之獨拔」之論會通；又〈知音〉評云：「不薄今人愛古人，老杜所以度越百家」，藉杜甫詩句抒發文家不應賤同思古的心聲。

另亦有對劉勰之論表示存疑者，如〈祝盟〉「臧洪歃辭，氣截雲蜺；劉琨鐵誓，精貫霏霜；而無補於晉漢，反為仇讎，故知信不由衷，盟無益也」評云：

> 二盟義炳千古，不宜以成敗論之。

此對劉勰以成敗論定盟文價值之觀點，不全贊同，故提出此評質疑；而紀昀對黃評所見，甚表同意曰：「北平先生譏之是也。」

　　黃氏所批註的評語，對於《文心雕龍》理論內涵的闡發，雖然未必有極大助益，但其隻字片語，正如文章的註腳，為劉勰之論述點睛，不僅能發揮指點閱讀與引導讀者

思辨的作用，也透顯出黃氏一家之言的文學見識，頗值得反覆揣摩。

六、結　語 ： 黃注的學術意義

清代考據學風大盛，考據學者抱持「訓詁明則義理明」的信念，從事古籍文獻的整理，解決了不少疑難，也爲近代傳統學術研究，奠定了堅實的基礎。所謂創業者難工，踵事者易密，黃叔琳《文心雕龍輯注》正是兼具創業與踵事性質的一部著作。而若要給予評價或合理定位，則應實事求是，將其書置於清代當時《文心雕龍》研究的時空背景來權衡，不宜單憑今日的研究方法或成果去責求，如此才能較爲客觀找到其書的學術意義。

總觀黃注整體的學術意義及其定位，大致可歸結爲以下四項：

首先，爲後世校注之墊石。在明清兩代《文心雕龍》整體研究成果仍難以饜足人心之時，黃注應運而生，一切仍如披荊斬棘，不管在校勘或注釋方面，都得耗費不少工夫。黃注集明代校注成果之大成，力求精校細注，故成爲《文心雕龍》清代以降最通行的本子。張文勳概括黃注的成就云：

黃注最大的特色就是對《文心雕龍》中所談到史實

及所徵引的經籍文獻，一一予以考證，明其出處。
引經據典，求資料之翔實，而不作任何解釋和臆測。
因此，他提供了大量有關資料，以便讀者了解劉勰
的理論及徵引材料的來歷。他的校注，為後人的校
注打下了基礎；也是《文心雕龍》研究工作的基
礎。[45]

民國以來，《文心雕龍》以校注為研究取向的名著頗多，
其中仍可常見黃注的身影。如范文瀾據黃注為底本，並加
重注，以「補苴昔賢遺漏」[46]；王利器「以黃註養素堂原
本為底本而大大地有所改定」[47]，致有《文心雕龍新書》、
《文心雕龍校證》；楊明照以黃注養素堂本為底本[48]，再
行校注，而成《文心雕龍校注》、《文心雕龍校注拾遺》、
《文心雕龍校注拾遺補正》、《增訂文心雕龍校注》之系
列；李曰剛以為「自來《文心雕龍》板本，以清乾隆六年
（一七四一）姚刻黃叔琳注養素堂本為最善，今即以此為
底本」[49]，遂成《文心雕龍斠詮》二巨冊，凡此諸家，皆

---

45 見〈中國文心雕龍研究的歷史回顧〉，《文心雕龍學綜覽》（上海：
　　上海書店出版社，1995 年 6 月），頁 7。
46 見范文瀾：《文心雕龍注・例言》（臺北：宏業書局，1982 年 9 月）。
47 見王利器：《文心雕龍新書・序錄》（臺北：宏業書局，1983 年 8
　　月），頁 22。
48 見楊明照：《增訂文心雕龍校注・前言》，頁 19。
49 見李曰剛：《文心雕龍斠詮・例略》（臺北：國立編譯館中華叢書編
　　審委員會，1982 年 5 月），頁 19。

是以黃注為底本，而後出轉精，終能卓然成家者。由此可略見黃注已為後世諸多校注奠定良好的研究基礎，具有鋪墊的貢獻與影響。

其次，為推助研究風潮之功臣。黃注刊行後，名儒紀昀據以批點，對於《文心雕龍》本身及黃注，提出不少評騭匡正的見解，兩者在清道光年間合併刊梓，成為一部頗便於研閱的善本。其後，學者以此書為研究底本，除在校注工作上廣事補正外，也針對黃注所衍伸出的議題，展開多元的討論。如黃注在〈宗經〉謂：「《爾雅》本以釋《詩》，無關《書》之訓詁」之說，紀評予以反駁：「爾雅釋書者不一」，楊明照亦徵引群書指正黃說之謬[50]；如氣與風骨的關係，黃氏謂「氣是風骨之本」，紀評駁曰：「氣即風骨，更無本末」，黃侃則順承黃氏之說，進一步提出：「風即文意，骨即文辭」的觀點[51]，影響後世立論；又黃注從何義門校本所補〈隱秀〉四百字脫文，及對〈隱秀〉鈔補的來龍去脈，其說引起紀昀多次考探抉發，提出有力證據[52]，並幾已成為定讞。以上黃氏所提諸論，未必皆是，其中或許有再予討論的空間，但在其後學者發凡啟疑的同時，也直接或間接刺激了《文心雕龍》的研究風氣，故可謂推波助瀾的功臣。

50　詳見楊明照：《增訂文心雕龍校注・宗經第三》，頁34。

51　見黃侃：《文心雕龍札記》(臺北：文史哲出版社)，頁101-103。

52　關於紀昀觀點，除在《輯注》眉端有評外，另亦見《四庫全書總目》卷一百九十五〈文心雕龍提要〉。

　　再者，是由普及至深化的前驅。學術工作如接力比賽，得靠長期不間斷的累積，才能有深厚的成果。《文心雕龍》流傳至清，雖已逾千年，學者士大夫仍多以讀經解經之法看待《文心》，研究也始終在考據、校勘的範圍中進行，對於劉勰文論體系思想，頗乏深入的闡發。黃注堅守考據傳統，續加墾拓，依舊未能超邁突破，但其書周備的體例，對劉勰之論發明有功，為研究提供了極大的便利性，兼具普及與傳播學術的作用。如汪春泓以為：

> 它做到了在明人基礎上更有所開拓，並且非常便於閱讀，所以流傳極廣，代表著清代龍學校勘、注釋的最高成就。[53]

因此黃氏自謂此書乃「魚兔之筌蹄」[54]，可定位為發皇劉勰用心，彰顯為文體要的工具。民國以來，學術研究方法與風貌丕變，《文心雕龍》的研究專著競出，異說紛呈，學者繼踵清人研究的腳步，或考訂補正，或因襲採摭，或申說詮評，或商榷質疑，對於《文心雕龍》的研討，方法更為求新求變，議題更顯廣泛多元，確實已進入深度研究的時代。考察此由普及至深化的發展脈絡，可發現黃氏《輯注》的注評實績，其實正是理論闡釋的輔翼，故稱黃注為

53　見汪春泓：《文心雕龍的傳播與影響》(北京：學苑出版社，2002年6月)，頁102。

54　語出黃叔琳：《文心雕龍輯注・序》。

深入研究的前驅，當不為過。

最後，是瑕瑜互見的里程碑。黃注與明代諸家（尤其梅、王兩人）的校注成果關係密切，或直接承襲，或間接取載，實難免有「攘其美以為己有」[55]之嫌。此外，黃注刊行前雖經過多人多次的往復參訂，仍未能有實質性的大幅突破。因此，後世對黃注提出批駁或指正者，不乏其人，如黃侃以為黃注有「紕繆弘多」、「展轉取載，而不注其出處」[56]之病；李詳也指出黃注「所待勘者，尚不可悉舉」[57]；另有日本漢學家鈴木虎雄〈黃叔琳本文心雕龍校勘記〉、馬敘倫〈文心雕龍黃注補正〉[58]等，則針對黃注校注提出實際的補續。由此可見其書確實存在難以迴避的缺失與侷限，在此亦不必刻意為賢者隱諱。但面對黃注成就固在，但缺失難掩的事實，若能採積極態度看待，正視其功績中的侷限以及侷限中的成果，從而取其精醇，去其糟粕，可發現黃注在當時，能在篳路藍縷中，為來者拓墾出可行的路徑，建立了階段性的里程碑，其守先以待後，鎔

---

55 語出盧文弨〈文心雕龍輯注書後〉，《抱經堂文集》（北京：中華書局），卷十四。

56 見黃侃：《文心雕龍札記・題詞及略例》(臺北：文史哲出版社，1973年6月)，頁5-6。

57 見李詳：〈文心雕龍黃注補正序〉，《李審言文集》（江蘇古籍出版社，1989年3月），頁215。

58 鈴木氏之文，載日本《支那學研究》第一卷，1928年10月；馬氏之文，載清大《文學月刊》三卷一期，1932年5月。唯兩文目前甚難親睹。

舊而鑄新的學術特質與貢獻，使《文心雕龍》的研究端緒更為明備，故能在「龍學」發展史上佔有一席之地，從這點來看，黃注仍是一部值得珍視的著作。

文心雕龍與文學理想

貳、察人文以成化
——論劉勰《文心雕龍》的時代關懷與人文理想

一、前　言

　　在魏晉南北朝文學的發展脈絡中，文學論評著作的繁榮，確實是一項空前而顯著的特色，諸如〈典論論文〉、〈文賦〉、《文章流別論》、《文心雕龍》、《詩品》等，皆各有其值得肯定的傑出成就。其中《文心雕龍》一書，尤以體大慮周、籠罩群言的文論體系，久享千秋盛名，受到古今學界推崇。從文章或文學的角度來看《文心雕龍》，此書無疑是所謂文學理論批評、文章學、文章作法這一類性質專著中集大成的佼佼者；但拿來與上述諸作並觀相比，則《文心雕龍》顯然又更多了些許時代感與人文氣息。是故要評估《文心雕龍》的學術價值，除了可揭舉其體系

周備、思理完密等方面的成就外，尚可從其對文化省思的深度，來考察其書立足當代、通觀前代，並瞻顧後世的人文視野，以見劉勰「察人文以成化」[1]的情懷，如此當能在文化史上為《文心雕龍》找到更確切的定位。

　　《文心雕龍》是劉勰自身高絕才學的薈萃，也是特殊時代造就的獨特產物，王夢鷗嘗謂其書「儼如古代的子書之一」[2]，王師更生也認為《文心雕龍》性質如「文評中的子書，子書中的文評」[3]。諸子是所謂「入道見志之書」（〈諸子〉），要旨在藉立說著書以濟世救民，此與《文心雕龍》企圖用文化力量改變時代的思想傾向，意頗同趣。《文心雕龍》一書始於〈原道〉，終於〈序志〉，前者旨在追溯人文之原，後者則為人文理想的自白，而且「論文」是劉勰選擇用來「樹德建言」、「敷讚聖旨」，並藉以矯正文弊的方式，故其書不但是自己藉立言來展現人生理想的寄託，也是他關懷時代、抒發人文理想的具體憑藉。

　　然劉勰為何將「察人文」奉為人生目標？他認為應如

1　《文心雕龍・原道》云：「觀天文以極變，察人文以成化。」其語本《周易・賁卦・象傳》：「剛柔交錯，天文也；文明以止，人文也。觀乎天文以察時變，觀乎人文以化成天下。」本文借「察人文以成化」一語，指涉劉勰實欲藉《文心雕龍》一書以達「人文化成」理想的用心。

2　王夢鷗〈劉勰論文的觀點試測〉云：「《文心雕龍》自宋元以下已儼如古代的子書之一。」文見中外文學 8 卷 8 期，頁 6，1980 年 1 月。

3　見王師更生：《重修增訂文心雕龍導讀》（臺北：華正書局，1993 年），頁 13。

何達致「成化」的目標？其人文理想究竟何在？均值得進一步的探討。是以本論文便擬從此處作為探索的著眼點，由「人文」的角度來審視《文心雕龍》，先從劉勰對「文章」的定位、人文的弘揚談起，再說明劉勰對時代文風的體察與關切之情，最後由文情、文體、文采等方面，看劉勰對創作理想的追求，旨在能為劉勰「為文之用心」進行更深入的詮解。

二、從「文章」的重新定位到人文的弘揚

「文章」是人文的一環，要弘揚人文，不能不關切文章。所以劉勰對「文章」的定位有深入、不隨時俗的思考，這些重新思考之後的定見，便成為他弘揚人文信念的主導。以下先從「文章」的功能談起。

兩漢時代，政教是一切文化思想的主導，文章則僅是儒家經籍章句的附庸，也是聖人傳述思想的工具，聖人思想具體保存在經典之中，因此經典自然成為教化的重要憑藉。文人之創作大抵以言志載道、有益風軌教化等實用目的為主要取向，即使有所感憤，也多半為了政治與時事，較少能抒發個人的遭遇感懷。劉勰也認為：

> 唯文章之用，實經典枝條。五禮資之以成文，六典因之以致用，君臣所以炳煥，軍國所以昭明，詳其本源，莫非經典。(〈序志〉)

上從軍國臣民體制的維繫，下至民生日用禮法的實施，都有賴於文章本身。此便著眼於文章之用普遍、無所不施的「實用」功能。

隨著六朝時代政治社會的劇烈動盪，原本附屬於經學的文學，隨思潮轉變，不再只為政治禮教之目的服務，漸能擺脫羈束而獨立，成為抒寫性靈、展現個人才情的憑藉。曹丕所謂：「文章經國之大業，不朽之盛事。」（〈典論論文〉）雖仍重視文章的經世致用功能，但也明確將文章之價值與道德、事功相提並論，認為文章具有不朽的價值；他更進一步指出：「年壽有時而盡，榮樂止乎其身，二者必至之常期，未若文章之無窮。是以古之作者，寄身於翰墨，見意於篇籍，不假良史之辭，不託飛馳之勢，而聲名自傳於後。」（〈典論論文〉）因而傳統中「君子疾沒世而名不稱焉」（《論語‧衛靈公》）的人生責任感，便投射顯現在「立言」的價值之上，人的有形生命得以在「翰墨」、「篇籍」中獲得延續，生命意義也因此有了新的詮釋與轉化。從《文心雕龍》的撰著動機來看，劉勰說：

> 夫宇宙綿邈，黎獻紛雜，拔萃出類，智術而已。歲月飄忽，性靈不居，騰聲飛實，制作而已。……是以君子處世，樹德建言，豈好辯哉，不得已也。（〈序志〉）

人是「五行之秀氣，天地之心生」，為「性靈所鍾」（〈原

道〉），故建言制作的目的，不僅是為了達到「拔萃出類」、「騰聲飛實」，並超越「形甚草木之脆」之形體生命的有效手段，更可作為生而為人的更高層次的生命目標。因此，「立言不朽」受到充分肯定，對於文化傳承來說，實有不凡的意義。不過，若進一步來說，劉勰所自許的立言，並非只想要追求「成一家之言」，成就個人自身的名山事業，而是希望能從更具前瞻性的「彌綸群言」中，建構足以傳續文化的脈絡。劉勰立言有了文化考量，因此，立論也就有明確的現實針對性。

　　傳統「言志」觀側重在社會教化等文學的外緣作用，然文章要能「寄身」、「見意」，便必然脫離通性走向個性，故從六朝「緣情」觀開始，漸轉而肯定文學內部規律，強調獨特情性風貌的展現。蕭子顯所謂：「文章者，蓋情性之風標，神明之律呂也。」（《南齊書・文學傳論》）對文章性質的重新詮釋，即為六朝文學緣情而發的顯證。情是作家秉性懷靈的表現，作品是作家情性之所寄，故文學重情的傾向，其實也是生命自覺的一種表徵。陳昌明指出：「魏晉的『緣情』，乃建立在『愛生』的基礎上，也即對生命的肯定上。」[4]肯定生命的價值，所以以立言自許；肯定立言的意義，所以以更積極態度看待文章「言以文遠」的美感特質。這是六朝對文章定位的一大轉變，也從而可

---

4 語見陳昌明：《緣情文學觀》（臺北：臺灣書店，1999 年），第二章，頁 60。

見重情與重文兩者並不衝突，反而有俾於優秀作品的產生。因此劉勰「古來文章以雕縟成體」（〈序志〉），或者「聖賢書辭，總稱文章，非采而何」（〈情采〉）這樣的觀點，正好也是六朝文士潛心於文章形式之美，並致力於以文學之筆來書寫論文的背景心態之反映。

　　劉勰充分體認文章具有「實用」、「立言不朽」以及「審美」的三大功能，並以這三項功能作為前提，撰著《文心雕龍》，因此其著書動機與理論的出發點均有別於他人之作，這尤其表現在「原道」、「徵聖」、「宗經」的思想立場上。「原道」、「徵聖」、「宗經」，今日看來似乎相當具有復古、保守的傾向，但事實上，卻是劉勰在面臨「擯古競今」（〈體性〉）的唯美風潮，極力逆勢而為，企圖扭轉時代文學趨勢[5]，從而擬定的文學思想體系樞紐，其立足點堅定，可以視為落實文藝教化理想的關鍵。〈原道〉以「文與天地並生」為立論前提，又以「無識之物，鬱然有采，有心之器，其無文歟？」（〈原道〉）為基本推論點，可見文采是天地、萬物乃至人與生俱來、自然而

5　南朝文學潮流在翻轉經典傳統的實用教化精神，而劉勰則又抗拒南朝一切以能文唯美的文學風尚，其逆勢之立場由此可知。如鄭毓瑜謂：「南朝標榜的這個相對於神理教化的『能文』或『美文』主張，可以說幾乎是企圖翻轉整個從先秦以來視辭章論述如文化論述的主流觀點，是對於文學被道德化、禮樂化最大的抗拒，當然同時也就可以對顯出劉勰建立『原道』說背後深沈的焦慮。」文見〈文學典律與文化論述──中古文論中的兩種「原道」觀〉，《漢學研究》，18卷2期，頁294。

然的。「人文」其實與「天文」相生相應，從太極、庖犧等上古傳疑時代，到三皇、五帝、三代，以至於周公、孔子這一衍生歷程，「人文」在聖哲設教立說中，與時俱進，漸有規模，終能「寫天地之輝光，曉生民之耳目」（〈原道〉）。而這些能發揮「經緯區宇，彌綸彝憲，發揮事業，彪炳辭義」（〈原道〉）等實際功能的人文活動成果，大多紀錄並保存於經典之中，故經典可說是聖人述作的精神遺產。自然之道奧妙，透過聖人智慧居中轉化、傳述，故理應「徵聖」；又聖人之言代久難明，有賴文字作為媒介記載，聖人的智慧結晶透過經典垂範後世，所以要徵聖立言，必須尋根究柢──「宗經」。故「宗經」乃為「徵聖」，「徵聖」乃為「原道」，掌握了人文之源──「道」，便能進而通曉化成天下之理。《周易》謂：「鼓天下之動者存乎辭。」天下即人文的世界，人文世界的啟動、發展與延續，仍有賴於文字（辭）[6]。劉勰依循此理，指出：「辭之所以能鼓天下者，迺道之文也。」可見合於「道之文」的文辭足以改變天下、影響時代，力量之巨大，實不容忽視，又焉能苟且為之？在「離本彌甚，將遂訛濫」（〈序志〉）、對文章定位、文采認知有所偏差而致文弊屢見的時代，劉勰強調文采本於自然、文學源於自然，是相當具有革新性與針對性的見解，紀昀對此指出：

---

6 此處參王金凌：《中國文學理論史──六朝篇》（臺北：華正書局，1988 年），第五章，頁 191。

> 自漢以來，論文者罕能及此。彥和以此發端，所見
> 在六朝文士之上。文以載道，明其當然；文原於道，
> 明其本然，識其本乃不逐其末，首揭文體之尊，所
> 以截斷眾流。[7]

可見劉勰返經合道、正末歸本的積極用意。〈原道〉贊曰：
「天文斯觀，民胥以傚」，天文對於人文有所啟示，是以
人文也應效法天文。而「聖」上「觀天文以極變」，下「察
人文以成化」，「經」為「恆久之至道，不刊之鴻教」（〈宗
經〉），是聖哲所傳至高無上、永恆不變的常理，兩者是
人文成果的薈萃，也是劉勰心目中人文傳統的典範，所以
「徵聖」、「宗經」，著眼點在於「文」之本身，其用意
當在追尋並樹立文章的典範，絕不在於宣揚儒家經學義
理，也不為了模擬或守舊復古。顏崑陽指出：

> 他為什麼「宗經」？用意並不全在於衛護儒家的道
> 統，而是基於文學理想的考慮。就這一點而言，劉
> 勰的「宗經」與後代道學家提倡儒家實用性的文學，
> 在基本動機上頗有不同。[8]

---

7 紀評見黃叔琳：《文心雕龍輯注·原道第一》（臺北：臺灣中華書局），
　卷一。

8 見顏崑陽：〈論文心雕龍「辯證性的文體觀念架構」〉，《六朝文
　學觀念叢論》（臺北：正中書局，1993年），頁107。

「宗經」正是劉勰對人文傳統一種崇敬之情的具體表現。文章有了可「宗」的典範，創作有了師法的對象，自能導向正軌，在「雕琢情性，組織辭令」（〈原道〉）、「陶鑄性情」（〈徵聖〉）等人文素質的陶養上，也可發揮正面的指導作用。吳調公對此指出：

> 「陶鑄」兩字不但表示教化作用，照我看來，它似乎更包含著一種使心靈得到潛移默化的意思，亦即作者用自己的心靈去感召人們的心靈。這說明《文心》中人文精神的核心所在。[9]

文章是教化的一種媒介，聖文經典則是文章的正面典範。故文章以經典為宗法對象，可發揮默化人心功能，進而有利於人文的傳揚。畢竟「人文」是「人心之美的一種自然表現形式」[10]，能「本乎道、師乎聖、體乎經」，「人心」乃至「文心」便有趨於善的自覺與可能。是故「道沿聖以垂文，聖因文以明道」（〈原道〉）一語，明白揭示了人文發展中「道」、「聖」、「文」三者意脈一貫的特殊關係，也成為劉勰弘揚人文信念的核心思想。

---

9 吳調公：〈關於文心雕龍弘揚人文精神的思考〉，《文心同雕集》（成都：成都出版社，1990年），頁41。

10 參王義良：《文心雕龍文學創作論與批評論探微》（高雄：高雄復文圖書，2002年），第二章，頁39。

三、繁采寡情，風末氣衰
──《文心雕龍》對文風趨勢的體察

　　用行舍藏、兼濟天下是儒家聖哲立身行事所秉持的人生觀[11]，也是傳統知識分入世致用之際所懷抱的人生理想，劉勰受聖訓啟發，也曾提出這樣的看法，〈程器〉云：

> 君子藏器，待時而動。發揮事業，固宜蓄素以弸中，散采以彪外，楩柟其質，豫章其幹；摛文必在緯軍國，負重必在任棟梁；窮則獨善以垂文，達則奉時以騁績。

仕途通達，便及時建業立功，否則就退求其次，著書立說，成一家之言，垂文留名。這出處進退之道，不但是古代士人自許的立身原則，也主導著劉勰追求人生理想的選擇。於是他在幾經思慮之後，決心以羽翼經典、診治文章之業為己任，鋪觀往代，展望來世，認真關切當時「去聖久遠，文體解散」、「離本彌甚，將遂訛濫」的文壇危機，因而激發了著作《文心雕龍》的動機，期樹立文章正則來糾正文風，其用心並不爲求名或「好辯」，乃是「不得已也」

---

11 如《論語‧述而》：「子謂顏淵曰：用之則行，舍之則藏，唯我與爾有是夫！」《孟子‧盡心上》：「古之人，得志，澤加於民；不得志，脩身見於世。窮則獨善其身，達則兼善天下。」

的仗義直言[12]。從中可見劉勰身為知識分子的良心與社會責任，對文學實際現象的憂慮之情。

　　《文心雕龍》評述斷限止於南齊，對於南朝文學論述也較為簡略，或因「蓋聞之於世，故略舉大較」（〈時序〉），或因「世近易明，無勞甄序」（〈才略〉），然從書中對南齊以前及劉宋時期多以「近代」或「近世」相稱，且筆端多蘊有批判之意看來，可知劉勰並非置若罔聞。以下即從幾則相關論述，探見劉勰在體察南朝文學發展趨向之後所表現的關切之情。

　　首先，對當時竭力於文辭形式，取新效奇的現象，劉勰指出：

> 自近代辭人，率好詭巧，原其為體，訛勢所變，厭黷舊式，故穿鑿取新，察其訛意，似難而實無他術也，反正而已。故文反正為乏，辭反正為奇。效奇之法，必顛倒文句，上字而抑下，中辭而出外，回互不常，則新色耳。（〈定勢〉）

此揭舉「訛勢」的運用之習。文人創作為造成「聞詭而驚聽」的效果，故作詭巧，捨棄正常的文章體式，力求標新立異，違逆常態，顛倒句法，以造成詭異奇巧、引人側目

12　參見王夢鷗：《古典文學的奧秘──文心雕龍》(臺北：時報文化事業，1994 年)，頁 14。

的效果。例如江淹〈恨賦〉：「孤臣危涕，孽子墜心。」
〈別賦〉：「意奪神駭，心折骨驚。」鮑照〈石帆銘〉：
「君子彼想。」各句中便刻意將原本「墜涕」、「危心」、
「心驚骨折」、「想彼君子」之語序顛倒，以形成詭句。
李善《文選注》以為此乃互文見義之法[13]；近人孫德謙以
為是六朝人「生造句法」[14]。可見此種求取組辭方式新奇
的習氣，在當時應相當普遍，故劉勰特加指陳。其實創作
追求新變常可促進文情表達的效果，只要遵守「執正以馭
奇」的要領，亦可使「密會者以意新得巧」（〈定勢〉），
因此當然值得作家採行；然若「逐奇而失正」，一味穿鑿
取新而悖離傳統，不循正道，便難免造成訛勢，令人難以
理解。文體之弊，也伴隨滋生。劉勰所謂「新奇」的風格，
正是在「擯古競今，危側趣詭」（〈體性〉）的創作習氣
中所形成。再以宋初當時盛行的山水文學來看，劉勰概括
其主要狀況指出：

> 宋初文詠，體有因革，莊老告退，而山水方滋，儷
> 采百字之偶，爭價一句之奇，情必極貌以寫物，辭
> 必窮力而追新，此近世之所競也。（〈明詩〉）自近代
> 以來，文貴形似，窺情風景之上，鑽貌草木之中。吟
> 詠所發，志惟深遠，體物為妙，功在密附。（〈物色〉）

---

13 參李善《文選注》卷十六。
14 參孫德謙：《六朝麗指》（臺北：新興書局，1963年），頁92-93。

此時方擺脫「理過其辭，淡乎寡味」[15]的玄言詩風，因此詩歌作品轉而著眼於形貌，不但重視景物描寫的逼真形似，辭句也力求對仗工整、用字新奇。這雖是對體製上藝術特點的強調，但競相獵奇逐艷、極貌追新的後果，同樣也易使文風趨於華靡。所謂：「宋初訛而新」（〈通變〉），指的就是求新而致訛的文學風氣。

其次，劉勰體認南朝作品多有爲文造情、繁采寡情的傾向，指出：

> 後之作者，採濫忽真，遠棄風雅，近師辭賦，故體情之製日疏，逐文之篇愈盛，故有志深軒冕，而汎詠皐壤，心纏幾務，而虛述人外，真宰弗存，翩其反矣。（〈情采〉）

劉勰在此既對山水文學作家「言與志反」等流弊表達不滿，也批判作品重於逐文敷采之功而輕忽體情寫志之務的現象。畢竟作品要能「要約而寫真」，必須以真情實感為出發點，若爲了寫作而虛造情感，便難免「言隱榮華」，不但內涵浮泛空洞，甚至「淫麗而煩濫」，如此「真宰弗存」、言不由衷的作品自無可觀價值。范文瀾對此曾舉證闡說：

> 劉歆作〈遂初賦〉，潘岳作〈秋興賦〉，石崇作〈思

> 歸引〉，古來文人類此者甚眾，然不得謂其必無皐壤
> 人外之思。蓋魚與熊掌，本所同欲，不能得兼，勢
> 必去一，而反身綠水，固未嘗忘情也。故塵俗之縛
> 愈急，林泉之慕欲深。彥和所譏，尚非伊人。若夫
> 庸庸祿蠹，鄙性天成，亦復搖筆鼓舌，虛言遐往，
> 斯則所謂「真宰弗存，翩其反矣」者也。[16]

企羨隱遁而身不由己，故託辭遊心物外，固是情思之難免，
但宋齊文人起而效尤，矯情虛言，蔚然成習，便不免釀為
文弊，今人詬病，因此劉勰屢有「浮假者無功」（〈麗辭〉）、
「近代辭人，務華棄實」（〈程器〉）之歎。

　　第三，針對作家學文師法典範有所偏頗的問題，劉勰
以為是造成「風末氣衰」的主因，他指出：

> 今才穎之士，刻意學文，多略漢篇，師範宋集，雖
> 古今備閱，然近附而遠疏矣。（〈通變〉）

時代風氣常影響創作，所謂「文變染乎世情」（〈時序〉），
文人在互相仿效追摹的同時，自能引領時代風騷。然而一
味因襲師法新作，卻忽略向往代傑作取法，尤其「刻意學
文」，專事形貌的追摹，欠缺創作應秉持的創新精神，其

---

16 引見范文瀾：《文心雕龍注・情采》（臺北：宏業書局，1982 年），
　頁 541。

負面效應可想而知。「漢篇」是古人佳作的概括，「宋集」
則是今人之作的代稱，都是創作前應充分參閱學習的基
礎，倘專偏於古，師古不化，不免循環相因，斲喪創作生
機；若僅重視今作，則顧此失彼，師從的楷模顯然偏頗，
文學的新變也自難長久。而且師法者與被師法者均各有創
作與審美能力之高下限制，因此仿習的成效就可能失之毫
釐，差之千里。關於此現象，梁簡文帝蕭綱也認為當時文
體不但有「競為浮疏，爭為闡緩」之病，而且以為詩壇競
學謝靈運、裴子野的風氣，相當可議，他批評道：

> 時有效謝康樂、裴鴻臚文者，亦頗有惑焉。何者？
> 謝客吐言天拔，出於自然，時有不拘，是其糟粕。
> 裴氏乃是良史之才，了無篇什之美。是為學謝則不
> 屆其精華，但得其冗長；師裴則蔑絕其所長，惟得
> 其所短。謝故巧不可階，裴亦質不宜慕。[17]

謝靈運是劉宋山水詩名家，以寫景自然清新享有盛譽，《詩
品》也有所謂「謝詩如出水芙蓉」[18]之評，可知謝靈運確
實以「吐言天拔，出於自然」為時人所重，但同時卻有「逸
蕩過之，頗以繁富為累」[19]之病，是其「糟粕」。然爭效
者「不屆其精華，但得其冗長」，就有如效顰。至於裴子

---

17 引文見蕭綱〈與湘東王書〉，《梁書》卷四十九「庾肩吾傳」。
18 語見《詩品》卷中評顏延之條引湯惠休之語。
19 語見《詩品》卷上評謝靈運條。

野本長於史，而短於詩賦之才，所謂「為文典而速，不尚麗靡之詞」[20]，是故「質不宜慕」，但卻因盛名所傳，時人遂昧其所長師其所短。可見若學之不善，影響匪淺。故文章之體需要正面的典範，一但「近附遠疏」，造成範式偏頗，無異於棄小遺大，自斷衢路，這問題正是關切通變之術的劉勰非常引以為憂心的。劉永濟針對此亦表示：

> 齊梁文學，已至窮極當變之會，乃學者習而不察，猶復循流依放，文乃愈弊。舍人通變之作，蓋欲通此窮途，變其末俗耳。然欲變末俗之弊，則當上法不弊之文，欲通文運之窮，則當明辨常變之理。[21]

由此更可見證劉勰通變之論，旨在「通窮途」、「變末俗」，深具導正當世典範之意。

四、人文理想的化成
──《文心雕龍》創作理想的真善美

在文體解散、文采失序，亟需建立文章正確認知的年代，劉勰體察文風趨勢，指出創作癥結問題所在，並極力尋求導正作家認知的良方，在《文心雕龍》書中，屢見劉

---

20 語見《梁書》卷三十「裴子野傳」。
21 引見劉永濟：《文心雕龍校釋·通變第二十九》（臺北：華正書局，1988 年），頁 111。

勰對於創作理想的揭示及鼓吹。從他體認「述先哲之誥，益後生之慮」的大志，積極從學理面匡正寫作風氣的用心，可見其欲重整文章審美與價值體系、弘揚人文理想的宏遠企圖。

劉勰所提出的創作理想多針對時代文學發展脈動及其病癥而發，具有實際問題的針對性。以下分從文情、文體、文采三個層面，凸顯《文心雕龍》從作家本身與作品的角度立論，欲實現「倘塵彼觀」（〈序志〉）沾溉後世的為文用心，以及「棄偏善之巧，學具美之績」（〈附會〉）的創作理想。

（一）文情求真：要約寫真與述志為本

前述指出劉勰對南朝為文造情、繁采寡情的創作傾向頗有批判，因此，為導正文學的發展，《文心雕龍》極力主張情采並重之論，並成為貫串全書的重要觀點之一。黃季剛指出：

> 舍人處齊梁之世，其時文體方趨於縟麗，以藻飾相高。文勝質衰，是以不得無救正之術。此篇恉歸，即在挽爾日之頹風，令循其本。[22]

可見情采之論的提出，有救正補偏的現實針對性。劉勰認

22　引見黃侃：《文心雕龍札記・情采第三十一》（臺北：文史哲出版社，1973 年），頁 110。

為情采並重，而且情應先於采，所謂「情者文之經，辭者理之緯；經正然後緯成，理定而後辭暢」（〈情采〉），可知文采雖不可或缺，但卻是根據情理所成之「經」而織就之「緯」。有了因情敷采、先情後采這樣的認知，「立文之本源」便得以彰顯，創作也有了可資遵循的正道。

創作是「情動而辭發」的過程，作者為了「志思蓄憤，吟詠情性」，進而搦筆和墨從事創作，故「為情而造文」是符合創作實際的。因此情之抒發應以「述志為本」為基點，以「要約寫真」為極則，如此作品自有可觀。劉勰說：「研味孝老，則知文質附乎性情。」又說：「辯麗本於情性。」（〈情采〉）可知性情是決定作品華美或質樸的關鍵，而若無豐實內涵，感情不夠懇切真至，也很難煥發出真正的姿采。畢竟「辭采美的源頭是情與理，情與理必得走出正確的途徑，文章方能達到美的標準。」[23]

至於「寫真」、「述志」的可能性，除了是題旨、題材呈現的問題，也與創作感發的起點有關。劉勰說：「人秉七情，應物斯感，感物吟志，莫非自然。」（〈明詩〉）又說：「情以物遷，辭以情發。」（〈物色〉）作家睹物興感，因而生情，落筆為文，而成作品。亦即作品之情，來自於自然，情真意切者，便具本色。故創作感發本乎自然，便能真情流露，然而這情與文學之間，仍有相當的距

---

23 引見羅麗容：〈魏晉六朝文藝理論中之「情」、「理」觀研究〉，收於《魏晉六朝學術研討會論文集》（臺北：東吳大學中國文學系，2005 年），頁 29。

離，其間尚待作家轉換的過程。童慶炳以為：

> 自然情感要經過二度轉換，才能變成為「要約而寫
> 真」詩情（藝術的情感），進一步才能變成感動人的
> 可以供人享受的文學作品。[24]

又說：

> 人的自然情感經過「蓄憤」、「鬱陶」和「聯辭結采」
> 的兩度轉換，富有詩情畫意的作品也就產生了。[25]

意即從自然之情，經過「聯辭結采」的歷程，轉化為藝術
之情，才能成為文學作品。這樣的創作機制如在純淨狀態
下，擺脫蓄意刻畫經營，減少虛浮雕飾之情，情性表達自
能得真。然在形式主義文風影響下，創作過程的矯情、作
品表現的虛飾，作品真實情志為「苟馳夸飾」的虛構形式
所掩，而漸遠離「要約寫真」的理想，更成為影響作品表
達的負面因素。因此「要約寫真」、「述志為本」就是從
創作心態上去進行調整，使其符合文情表現的理想原則。
　　所謂「逐物實難，憑性良易」（〈序志〉），雖是劉
勰自言《文心雕龍》著述之心情，但延伸而言，意其實亦

---

24 引見童慶炳：〈文心雕龍情經辭緯說〉，收於《中國古代文論的現
　　代意義》（北京：北京師範大學出版社，2001 年），第七章，頁 218。
25 同上，頁 224。

與創作基本原理同趣。「逐物」如同一味追隨時代風潮，爭逐辭章技巧之新變，「憑性」則是一本初衷，懇切陳辭，以「述志為本」為創作理念。前者難有止境，而後者則如無盡源泉，故前者難為，後者易行。創作又何必捨易取難？《周易‧乾‧文言》云：「脩辭立其誠，所以居業也。」孔穎達《正義》解釋說：「外則脩理文辭，內則立其誠實，內外相成，則有功業可居。」劉勰力倡「述志為本」之論，著意強調作者應秉持在作品「立其誠實」的精神，而這正可看作是對「脩辭立其誠」聖訓的奉行實踐。

（二）文體求善：辭尚體要與依義棄奇

南朝時文流弊漸起，劉勰眼見「文體解散」、「文體遂弊」（〈定勢〉），體式由偏至訛，與經典之常漸行漸遠，甚至危及文學發展，故決心以診治文體為己任，展開「論古今文體」[26]之志業。在《文心雕龍》書中，劉勰不時引據《尚書‧畢命》「辭尚體要」之語為念，如以下引述：

> 書云：「辭尚體要，不惟好異」，……體要所以成辭，辭成則無好異之尤。（〈徵聖〉）

> 周書云：『辭尚體要，弗惟好異』，蓋防文濫也。（〈風

26　語本《梁書》卷五十「劉勰傳」。

骨〉）周書論辭，貴乎體要。（〈序志〉）

所謂「辭尚體要」，《尚書》孔安國傳釋云：「辭以理實為要。」意謂語言表現，當遵循一定的理想要領，不爭奇好異。這要領具有通用的普遍性，但往往也必須配合不同的場合、目的或功能，作適當的調整。可見「『體要』當作一普遍的規範法則來看，根本是任何文體想要完滿實現都必須依循」，因而「選擇任何『文體』去寫作時，必然就有相應的『體要』」[27]。劉勰不但認為「規略文統，宜宏大體」（〈通變〉）、「務先大體，鑑必窮源」（〈總術〉）是創作先備要務，在為各類型文章「敷理以舉統」時，也屢屢凸顯其「大體」、「大要」[28]。從《文心雕龍》對於「體要」的強調，可知劉勰用意要旨當在「確乎正式」，以救當時文體之失，並「防文濫」。以下略舉數例說明。如劉勰眼見賦家創作對「情」與「物」關係認知不清，作品又普遍有「繁華損枝，膏腴害骨」、「無實風軌，莫益勸戒」（〈詮賦〉）的不良習氣，故揭舉「立賦之大體」。〈詮賦〉云：

27　引見顏崑陽：〈論文心雕龍「辯證性的文體觀念架構」〉，《六朝文學觀念叢論》（臺北：正中書局，1993年），頁136。

28　如賴麗蓉指出：「整個敷理舉統的工作，無非是通變篇『規略文統宜宏大體』的理論實踐。」見〈文心雕龍「文體」一詞的內容意義及「文體」的創造〉，《文心雕龍綜論》（臺北：臺灣學生書局，1988年），頁151。

> 情以物興，故義必明雅；物以情覩，故詞必巧麗。
> 麗詞雅義，符采相勝，如組織之品朱紫，畫繪之差
> 玄黃，文雖雜而有質，色雖糅而有儀，此立賦之大
> 體也。

「覩物興情」是賦家創作的表現目的，巧妙絢麗的詞采是
語言形式的要求，明潔典雅的文義是理想內涵的要求，故
能掌握「情」「物」並具、「義」「詞」兼備之作品，自
有可觀。劉勰在此頗有「洞見癥結，針對當時以發藥」[29]，
導正賦體創作之意，其所凸顯的「立賦之大體」，正是賦
的「體要」。其他如〈祝盟〉：「夫盟之大體，必序危機，
獎忠孝，共存亡，戮心力，祈幽靈以取鑒，指九天以為正，
感激以立誠，切至以敷辭，此其所同也。」〈哀弔〉：「原
夫哀辭大體，情主於痛傷，而辭窮乎愛惜。」〈雜文〉對
於「對問」一體云：「身挫憑乎道勝，時屯寄於情泰，莫
不淵岳其心，麟鳳其采，此立體之大要也。」〈檄移〉：
「凡檄之大體，或述此休明，或敘彼苛虐。」〈議對〉：
「故其大體所資，必樞紐經典，採故實於前代，觀通變於
當今。」凡此諸例中所揭「大體」或「大要」，皆該體應
遵循的要領規範，合於規範者，即「正體」，不合者則可
能成為「謬體」、「訛體」（〈頌贊〉）或「失體成怪」

29　此為紀昀評語，見黃叔琳：《文心雕龍輯注・詮賦第八》（臺北：
　　臺灣中華書局），卷二。

（〈定勢〉）[30]。

　　「本體不雅，其流易弊」（〈諧讔〉）是劉勰對判斷文體發展趨勢的重要觀念，南朝文學之所以「流弊不還」，便是由於競新追奇的心態，導致對文章體要規範的忽視。畢竟「名理有常，體必資於故實」（〈通變〉），可見「體」之本身有不隨時變易的相對穩定性，遵循「體要」從事創作，當是讓文體發展趨善的不二法門。能循「體要」者，創作取向自能「依義棄奇」，所謂「昭體故意新而不亂」（〈定勢〉），即使在不斷創新求變的文學趨勢中，也不致「愈惑體要」（〈詮賦〉）而偏離正軌。

（三）文采求美：銜華佩實與風清骨峻

　　劉勰主張文章應著重真情至性之內涵，但其實並不全然排斥藻麗文采，因為「雕縟成體」正意味文章本身應具有美感特質，他所要反對的，是作家離本趨末、競事華艷所帶來的過度文飾。過度文飾就像「飾羽尚畫」、「文繡鞶帨」，易讓文章失去了本身應有的自然性與實用價值，而「采濫辭詭，則心理愈翳」（〈情采〉），便是作品過度追求文采所造成的負面效應。黃季剛也指出：「彥和之意以為文章本貴修飾，特去甚去泰爾。」[31]劉勰追求文采

---

30 〈頌贊〉：「班傅之北征西征，變為序引，豈不褒過而謬體哉！」又：「陸機積篇，惟功臣最顯；其褒貶雜居，固末代之訛體也。」〈定勢〉：「密會者以意新得巧，苟異者以失體成怪。」
31 引見黃侃：《文心雕龍札記・序志第五十》（臺北：文史哲出版社，1973 年），頁 7。

之美，同時也主張節制過度文飾，在理論觀點上可與情采
觀、自然觀互相聯繫照應，而在實踐上，則以「參古定法」
為極則，認為應以聖文、經典作為典範。

　　聖與經是劉勰眼中的人文極則，他之所以徵聖、宗經，
主要是想從聖與經之中汲取人文滋養，為文章樹立恆久不
刊之典範，使當時及後世創作者皆有可取資遵循的規準。
然聖文經典的價值不僅侷限在思想方面，由於「經典沈深，
載籍浩翰，實群言之奧區，而才思之神皋也」（〈事類〉），
蘊藏有豐富事材與哲人才思，故可作為創作取資的寶庫，
尤其創作能力與文章表現上更有值得借鑒之處，〈徵聖〉
舉證說：

> 鑒周日月，妙極幾神；文成規矩，思合符契；或簡
> 言以達旨，或博文以該情，或明理以立體，或隱義
> 以藏用。

意謂聖人的智慧極高，不論是鑒察力、領悟力、創作力、
表現力，皆穎絕非凡，且視簡博明隱之表達需要而「抑引
隨時，變通適會」，文術取用靈活，不拘定格，這是創作
能力的一種理想境界，故劉勰認為：「徵之周孔，則文有
師矣。」理想的創作能力，無疑是文章表現藝術造詣的利
器。而就文章表現來看，聖文經典在高度創作力的揮灑下，
本身即在雅正的思想規準之下追求華麗的成品。所謂「聖
文之雅麗，固銜華而佩實者也」（〈徵聖〉）、「義既埏

乎性情，辭亦匠於文理」（〈宗經〉），可知經典為內涵之「雅」與形式之「麗」的完美結合體，是「雕琢其章，彬彬君子」（〈情采〉）的典型，「既符合自然的本色，又有益世道人心，充分發揮了文章有益於社會的作用。」[32]可見經典之文正好能與劉勰所認知文章應具實用、立言及審美的功能呼應。由此看來，文章追求藻采之美，不再只是為文造情的一種創作表現，反而更可視為人文審美感受的肯定與進化。

　　「雅麗」既是理想文章的風格境界，也是劉勰所認為一種美感的極致，因此在創作上若奉為準的，更有樹立正則、導正文風的效益。劉勰說：「模經為式者，自入典雅之懿。」（〈定勢〉）而「文能宗經，體有六義」，則是劉勰揭舉出規模經典的實際效益，對於創作者而言，也提供了為文用心之道[33]，有相當程度的理想性。〈宗經〉說：

> 一則情深而不詭，二則風清而不雜，三則事信而不誕，四則義貞而不回，五則體約而不蕪，六則文麗而不淫。

---

32 引見王師更生：《中國文學理論的祕寶──文心雕龍》（臺北：黎明文化事業，1995 年），頁 91。

33 王夢鷗〈劉勰宗經「六義」試詮〉以為：「這六義不止是讀者得自文章上的印象，而還兼括作者寫這文章的用心。」見《文心雕龍研究論文選粹》（臺北：育民出版社，1980 年），頁 347。

其中「情」、「事」、「義」三項是屬於文章內容，指情感、取材、義理方面的特點；而「風」、「體」、「文」三項則屬於文章形式，指風趣、體製、辭藻方面的特色。亦即文章書寫若能以經典為宗師對象，可使文章的內容及形式都達到理想的境界，與「雅麗」之風異曲同工。換言之，理想的作品，應是具備情深、風清、事信、義貞、體約、文麗等表現特點，且能在文質關係自然和諧下組成的藝術整體。

劉勰認為文采乃文章所必然具備的，銜華佩實、雅麗兼備是呈現適度和諧文采的條件，而有了「風骨」的表現，則更意味「雅麗」可脫除道德教化的負載，成為純文學的審美標準[34]。鍾嶸認為「幹之以風力，潤之以丹采」者，可為「詩之至也」（〈詩品序〉），故風骨與文采兼具者，亦足為「文之至」。劉勰強調風骨與文采之關係謂：「若辭藻克贍，風骨不飛，則振采失鮮，負聲無力。」「風骨乏采，則鷙集翰林；采乏風骨，則雉竄文囿」（〈風骨〉）是知風骨對於提振鮮明文采有顯著效果，是使聲調鏗鏘的關鍵力量；而風骨與文采若未能兼備，便無法成為絕佳的作品，唯「藻耀而高翔」，才能稱得上是「文章之鳴鳳」。

---

34 如鄭毓瑜謂：「唯有落實於風骨丹采這修辭成果來談，所謂『雅麗』才能盡除原生的道德指涉，奠立純文學地位，又能不流於模稜的印象式審美評準。」見〈六朝文學審美論探究〉，《中外文學》，21卷 5 期，頁 103-104。

可見「風骨」與文采並存，是其中不可或缺的要素，更可謂文采之源。

　　「風骨」本為漢魏以來從人物品鑒的術語，其基本內涵，係指「一個人的骨骼長相體現出來的風度姿儀和氣質之美」，用以論書法則指「通過骨力遒勁的用筆，表現出某種風韻氣力」，藉以評繪畫則是「通過骨法用筆描繪出對象內在氣質的美」[35]，可見其美感屬於剛健、遒勁的精神之美，一直以來就是六朝時期相當重要的審美概念，引申用在文論上，意義也大致近似。劉勰以為「風」本身是「化感之本源，志氣之符契」，所以「怊悵述情，必始乎風」，「深乎風者，述情必顯」，「意氣駿爽，則文風清焉」，可見「風」是充分表達作者思想感情，使之產生化感人心的感性情趣；而文之有「骨」，正如人體有骸，所以「辭之待骨，如體之樹骸」，「練於骨者，析辭必精」，「結言端直，則文骨成焉」，可知「骨」是在文辭、事義、結構、思理上力求內容充實，使文章產生挺拔勁健的力量。將「風骨」結合來看，可知大體是指「思想性和藝術性的統一體，它的基本特徵，在於明朗健康，遒勁而有力。」[36]亦即風骨之論是希望從較高層次的思想性來規範文采的表

35　以上均參見袁濟喜：《六朝美學》（北京：北京大學出版社，1999年），頁334-336。

36　引見郭紹虞：《中國歷代文學論著精選‧上》（臺北：華正書局，1991年），頁201。

現，使作品能發揮感化人心的力量[37]。而劉勰所面臨的時代，文風趨向卻並非如此，正如唐代陳子昂所謂「漢魏風骨，晉宋莫傳」（〈與東方左史虯修竹篇序〉），是一個「彩麗競繁、興寄都絕」，而且文風柔艷、內容綺靡的時代，因此，他匯集前人時賢風骨說之精華，提倡「確乎正式，使文明以健，則風清骨峻，篇體光華」（〈風骨〉）的美學觀，目的即在重新標榜健康清新又有美感的創作美學要求，以與豔麗柔靡文風抗衡，並對「競今疏古，風末氣衰」、「跨略舊規，馳騖新作」等時文癥結進行反思與審美價值重整，可見劉勰實有導正創作偏態的意圖。因此「文明以健」、「風清骨峻」當是高層次的審美理想。

　　文采之美在六朝時代已達高峰，已不需再著意強調，其中主要問題當在於「采乏風骨」所造成風力不振的弱點，故《文心雕龍》倡言風骨，其要旨也如學者所謂：

　　　「風骨」是劉勰為糾正當時文風之「濫」而開出的一劑藥方，是劉勰所確立的文章寫作的「正式」，更是文章之美的具體呈現，「風骨」論是劉勰的藝術理想論。[38]

由此看來，風骨有崇高的藝術理想性，能發揮端正並強化

37　參周振甫：《文心雕龍注釋・風骨第二十八》（臺北：里仁書局，1984年），頁478。
38　引見戚良德：《文論巨典——文心雕龍與中國文化》（開封：河南大學出版社，2005年），頁258。

文采表現，使作品達「符采克炳」（〈風骨〉贊）的效果。
至於實踐「風清骨峻」的具體方法，劉勰以為仍應自文學
的優良傳統出發，從繼承與創新的調和上入手，故〈風骨〉
所謂：「鎔鑄經典之範，翔集子史之術，洞曉情變，曲昭
文體」等原則，當是「孚甲新意，雕畫奇辭」的前提與條
件，而「昭體故意新而不亂，曉變故辭奇而不黷」則為命
意修辭提供法式[39]，據此自可免於「習華隨侈，流遁忘反」
之弊，所以這其實也與劉勰「參古定法」的宗經論、「窮
變通久」的通變論等一貫的主張互相照應。可見風骨正可
有俾於解決時文之病，是一項極具現實針對性與理想意義
的創作美學觀點。

五、結　語

　　劉勰以文章體系的建構為自我人生期許，以人文的弘
揚作為贊聖述經之志業，以高屋建瓴的眼光來標舉創作理
想。從文學的層面來看，劉勰關切的是文學創作的原理及
當時所衍生有關創作表現諸問題；而就文化層次看，則更
可看到劉勰關懷文學現象的針對性，實際上都有重整文化
價值體系的用意。故有學者謂：「劉勰不僅是文學理論家，

---

39 黃侃云：「合於法式者，以新為美；不合法式者，以新為病。」詳
　參《文心雕龍札記・風骨第二十八》（臺北：文史哲出版社，1973
　年），頁 102。

而且也是一位非常傑出的文化思想家。」[40]由此來衡量《文心雕龍》一書的歸趨,從著作動機、理論的出發點乃至目標,都可見到顯著的時代關懷與人文精神,頗有別於同時代其他文論之作,故不宜僅以純粹的文學理論看待。

劉勰從文學角度體察南朝人文環境的現況及趨勢,用「彌綸群言」、「參古定法」之態度與精神,向「離本彌甚,將遂訛濫」的文化逆流挑戰,目的仍在回應並落實經典聖訓的教化理想。像他所標舉的文情之真、文體之善、文采之美等,一方面是針對特定時空所設定的創作美學標準,表明他期許文章能在良性的演進趨勢中,既兼顧作家個人的風格與情性表現,也不能不重視文學本身對於默化人心、影響文化、改變時代的社會作用;另一方面,無疑也可作為今後文學發展中歷久不刊的軌範與指標,正所謂「窮高以樹表,極遠以啟疆」(〈宗經〉)。由此看來,「察人文以成化」一語,雖原是劉勰藉《周易》之語來指涉人文之形成,但用來詮釋《文心雕龍》「體大慮周」的文化深度,從中亦充分透顯出其理論的時代性與前瞻性,故正可視作劉勰「為文用心」的具體寫照。

本文之論,意在於強調《文心雕龍》文論中所涵蘊的人文情懷,並肯定其歷久而彌新的價值,對於劉勰的文化視野能作更進一步理解的同時,相信劉勰「標心於萬古之

---

40 引見張少康等:《文心雕龍研究史》(北京:北京大學出版社,2001年),頁590。

上，送懷於千載之下」（〈諸子〉）的用心，也能為當代及未來文學的創作者與觀察者帶來一些啟迪。

叁、論《文心雕龍》的文體理想
——以「原始以表末」等四項綱領爲中心的探討

一、前　言

　　在中國文體分類研究的發展上，《文心雕龍》無疑爲具有指標意義的重要著作，書中「論文敘筆」，以四卷二十篇近乎全書一半的篇幅，進行「囿別區分」的工作，設篇論述三十四類體裁，其中若再加上各篇連類附論者，則達一百七十六種之多[1]，足可謂爲「學家之壯觀」；尤其每篇均以「原始以表末，釋名以章義，選文以定篇，敷理以舉統」這四項綱領組織成文，不僅體例嚴整，同時也將以

1　各家說法數據略有出入，此處依據王師更生《中國古代文學理論的秘寶——文心雕龍》（臺北：黎明文化事業，1995 年 7 月），頁 125；另如馬建智《中國古代文體分類研究》則綜合羅根澤《中國文學批評史》之說法謂：「包括每一個文體在歷史流變中的不同的名稱，也包括每一個文體中的子文體的名稱，總共有一百五十四種。如果除去重複的名稱和相互包容的文體名稱也有一百三十多種。」引見《中國古代文體分類研究》（北京：中國社會科學出版社，2008 年 9 月），第四章，頁 165。

往曹丕《典論·論文》四科八體、陸機〈文賦〉十體等列舉式的論述，進一步拓展成具有系統性論述的宏大規模。從這方面來看，《文心雕龍》在文體分類研究上所建構完整而周密的體系，確實可謂「體大慮周」，不僅匯聚了傳統文體研究的成果，奠定了古代文體論的基礎，並且具有推進後世有關文體分類研究的直接影響力。

《文心雕龍》「論文敘筆，則囿別區分」，設篇分論各體，除了具有分體文學史的性質，同時也是各體文章的寫作指導，其在文體分類發展中的成就與貢獻，早已為學者公認及肯定。然若從「論古今文體」[2]、「溯文體之有始，要辭流之所終」[3]、「雕龍上二十五篇，銓次文體」[4]等學術性質界定與評價來看，《文心雕龍》對「文體」的系統性觀念相當鮮明，也頗受注意，故也有學者以為全書實可視為「一部文體學專著」[5]。據此可進一步思考：《文心雕龍》書中所謂「文體」指涉意義究竟為何？劉勰何以對於「文體」特別予以關注？他看待「文體解散」的時代現象有何觀點？劉勰認為重建文體的途徑為何？他心目中的「理想文體」為何？《文心雕龍》的文體理想如何從理論

---

2 語本《梁書》卷五十〈劉勰傳〉。

3 語出明余誨原刻本之序，引自楊明照：《增訂文心雕龍校注》（北京：中華書局，2000 年 8 月），附錄「序跋第七」，頁 954。

4 語出明萬曆凌雲刻本，曹學佺序，引自楊明照：《增訂文心雕龍校注》，附錄「序跋第七」，頁 963。

5 引見李士彪：《魏晉南北朝文體學》（上海：上海古籍出版社，2004 年 4 月），頁 3。

層面開展與落實？凡此諸問題，環環相扣，亦是研究《文心雕龍》文論相當關鍵且勢難迴避的問題，故引發筆者進一步研探的動機。

　　劉勰關注文體，對文體有完整、細密而深層的思考，而這亦表示《文心雕龍》的文體論，不僅侷限在論文敘筆時將體類「囿別區分」的理論格局，而是深具重建文體、開展文體理想的文化意圖。具體而言，劉勰論文體，其實是具有文化關懷深度與高度的。他在「去聖久遠，文體解散」、「離本彌甚，將遂訛濫」（〈序志〉）的時代不良趨勢中，懷抱文學理想，揭示「正末歸本」（〈宗經〉）、「確乎正式」（〈風骨〉）的殷切宣言，以針對「勢流不反，文體遂弊」（〈定勢〉）的現象發聲，企望使文章能在正常的狀態下「日新其業」（〈通變〉），故其實不僅止於單純的文章理論而已。本文所欲凸顯的，便是劉勰深以文章之業為懷，以建構文體理想為期許，在《文心雕龍》全書中所灌注之鮮明的文體觀，而這也應是詮解劉勰用心——所謂「文果載心，余心有寄」的一項關鍵。故本文並不著眼於《文心雕龍》中有關「文體」、「文類」概念意涵的界定與論證，也不擬討論書中文章體類分合多寡的問題，直接著眼於劉勰對「文體」的全面性思考立場，而主要以「原始以表末，釋名以章義，選文以定篇，敷理以舉統」四項綱領為核心，探討其由文體理想來重建文體的理論內涵與意義，並期能藉以重新檢視《文心雕龍》文體論與創作論之關係。

二、由「文體解散」看文體重建與文體理想

　　「文體」在中國傳統文論範疇中是一個涵蘊相當豐富，兼具多重意義的詞彙，其既不能單純簡化抑或等同於今日所謂「體裁」或「文類」，也並不能與西方文論所認知的「文體」(指風格）劃上等號，故在界定時，也難免見仁見智，存在些許模糊性[6]，這在《文心雕龍》書中亦有同樣現象。一方面是因為「體」本身為單音詞，依語境及上下連用成不同的複合詞，即構成不同意義；另一方面，傳統文論中所謂「文體」與「文類」兩者本來即非對立，而是互有包涵融攝的概念。當代學者針對《文心雕龍》「文體」意義加以辨析討論者頗多，唯見解仍相當分歧，其中尤要者，如徐復觀指出「文體」是「文學中的藝術形相性」，並謂：「就一個完整地文體觀念而言，則所謂體裁、體要、體貌，乃是構成文體的三個基本要素」[7]；龔鵬程以為「文體」指「語言文字的形式結構，是客觀存在，不與作者個人因素相關涉的語言樣式」[8]；顏崑陽以為「文體」是「主

6　如馬建智即指出：「中國古代文論中『文體』一詞的內容具有豐富性、複雜性與模糊性。」引見馬氏《中國古代文體分類研究》（北京：中國社會科學出版社，2008 年 9 月），頁 48。

7　引見徐復觀：〈文心雕龍的文體論〉，《中國文學論集》（臺北：學生書局，2001 年 12 月五版），頁 8、37。

8　參龔鵬程：〈文心雕龍的文體論〉，原載《中央日報》1986 年 12 月 11－13 日，此處引據《中國文學批評史論》（北京：北京大學出版社，2008 年 6 月），頁 127。

觀材料、客觀材料與體製、修辭，經體要的有機統合之後，乃整體表現為作品的體貌，然後觀察諸多作品體貌，歸納形成具有普遍規範性的體式」[9]，或者以為可從「文章之體」的來界分出「文章之『自身』，即其本質與功能；或文章之『形構』，即所謂『體裁』；或指文章之『樣態』，即所謂『體貌』、『體式』或『體格』」[10]等三層意義；童慶炳則認為「文體」是指「一定的話語秩序所形成的文本體式」，並且包括「體裁的規範」、「語體的創造」及「風格的追求」三個層次的意涵[11]；另李建中根據童慶炳之說，提出「一體三義」之說，即體製（體裁）、體式（語體）、體貌（體勢、風格），並謂：「體裁是對文體的基本分類，語體是修辭的手法，體貌是講風格」[12]。雖學者眾說紛紜，詮釋略有異同，本文不擬就此再做辨析論證，唯由上所述，大致可確知「文體」當兼有體裁、體要、體貌、體式等多重意涵，是作品諸要素渾融而成的有機組合，也是必須從多層次進行意義詮解的文章概念。

　　文體是作品組成過程中的一大環節，其由創作經驗歸

9　引見顏崑陽：〈論文心雕龍「辯證性的文體觀念架構」〉，《六朝文學觀念叢論》（臺北：正中書局，1993 年 2 月），頁 149。

10　引見顏崑陽：〈論「文體」與「文類」的涵義及其關係〉，《清華中文學報》，第 1 期（2007），頁 40。

11　引見童慶炳：《文體與文體的創造》（昆明：雲南人民出版社，1994 年 5 月），頁 1 及 10-39。

12　引見李建中：《文心雕龍講演錄》（桂林：廣西師範大學出版社，2008 年 2 月），第四講〈文心雕龍的文體理論〉，頁 104-105。

納提煉而成，這些經驗一旦形成普遍規律定式之後，又回過頭來對創作發揮規範、制約的作用，故文體論往往可作為創作論、批評論的基礎，而當文體有了明確的界分與規範，則創作與批評方有準據。文體的形塑，雖始出於作者創作時的主體情性，但一旦經過約定俗成，便成為客觀性的規律，這客觀規律也形同文體規範，並可作為作品是否「得體」的判準。因此，劉勰對「體」格外關注，其「尊體」的文學意識相當明顯，如同李建中指出：

> 貴文者必尊體，……尊體者必尊人之生命。……可見出劉勰視「體」如身體和生命，其尊體和尊重生命是完整統一的。劉勰從「貴人」出發走向「貴文」，又從「貴文」走向「尊體」，從「尊體」走向「尊重生命」亦即回到了「貴人」。在這樣一個邏輯循環之中，其主線或內核是劉勰文學批評的「尊體」意識。[13]

劉勰在「尊體」的意識下，對於分體、辨體、正體的工作便極為重視，並屢次強調為文「體要」的重要性，其意即在希望用客觀性的文體規範，制約創作主體的表達，使情性抒發能謹守「為情造文」、「述志為本」的精神，語言

---

13 引見李建中：〈劉勰「體乎經」的批評文體意義〉，《清華大學學報》（哲學社會科學版），24 卷 4 期（2009），頁 69-70。

運用則在「雕縟成體」的傳統普遍認知下，亦能「雕琢其章，彬彬君子」，一切恰如其分，其「防文濫」（〈風骨〉）的動機與出發點即相當昭顯。

　　南朝文學之發展大勢，雖在劉勰著書時以「世近易明，無勞甄序」（〈才略〉）而省略未予詳談，但他對「近代」、「近世」文學的關切之情，卻不時溢於言表。例如對「近代」文人專騖於辭句形式之新變，所造成「反正」、「效奇」的不良趨勢，劉勰指出：

> 自近代辭人，率好詭巧，原其為體，訛勢所變，厭黷舊式，故穿鑿取新，察其訛意，似難而實無他術也，反正而已。故文反正為乏，辭反正為奇。效奇之法，必顛倒文句，上字而抑下，中辭而出外，回互不常，則新色耳。（〈定勢〉）

此揭明文人好作詭巧，為了造成「聞詭而驚聽」的效果，於是紛紛捨棄傳統的文章體式，追求標新立異，違逆常態，顛倒句法。此法雖達到詭怪奇巧、引人側目的效果，然實屬「訛勢」之變，亦非正體，故成為文體之弊。又如劉勰分析南朝宋時期的山水文學詩作，因過於著重體製形貌上的藝術表現，連帶造成負面現象，其云：

> 宋初文詠，體有因革，莊老告退，而山水方滋，儷采百字之偶，爭價一句之奇，情必極貌以寫物，辭

> 必窮力而追新，此近世之所競也。（〈明詩〉）自近代
> 以來，文貴形似，窺情風景之上，鑽貌草木之中。
> 吟詠所發，志惟深遠，體物為妙，功在密附。（〈物
> 色〉）

指出此類詩作中，景物描寫上重視逼真形似，修辭上力求
偶對工整、字句新奇。這雖是文學美感演進的一種正常趨
勢，但競相極貌追新的後果，易使文風走向靡麗。所謂「宋
初訛而新」（〈通變〉），由上可見，文辭之過度求新當
是致使時代文風、文體產生訛變的一大背景因素。

另外，劉勰以情采並重為基本文學觀，然有鑑於「近代辭
人，務華棄實」（〈程器〉），亦即南朝時作品多有繁采
寡情的現象，故指出：

> 後之作者，採濫忽真，遠棄風雅，近師辭賦，故體
> 情之製日疏，逐文之篇愈盛，故有志深軒冕，而汎
> 詠皋壤，心纏幾務，而虛述人外，真宰弗存，翩其
> 反矣。（〈情采〉）

劉勰在此既對山水文學作家「言與志反」之弊習表達不滿，
也批判作品情采關係的失衡，此重采輕情之習，自易導致
作品專重於逐文而忽略體情寫志之任務。作品畢竟以「要
約而寫真」為可貴，一切內容應出於真情實感，若為了寫
作而「苟馳夸飾」，虛擬情志，便恐致「言隱榮華」，不

但內涵虛空浮泛，甚至「淫麗而煩濫」，如此「真宰弗存」之作，自屬言不由衷，也難有可觀。

南朝時文以唯美是尚，極力追求新奇與藻麗，已走向浮豔之路，以上所舉，即是作家在語言運用以及情性抒發方面所出現偏離文體常軌，甚至誤入歧途的不良現象，正如劉勰在〈序志〉所歸結的「去聖久遠，文體解散，辭人愛奇，言貴浮詭」諸語，故亟待導引匡正，否則江河日下，終至「勢流不反，則文體遂弊」（〈定勢〉）。然而原本文章體式已崩解散亂，制約與指導的功能式微；諸家之論又有「各照隅隙，鮮觀衢路」的偏失，難以盡愜人意，是故要談理論的建構，勢必需從文體範式的重建上著力，這也成為劉勰著述《文心雕龍》的重要動機，同時也是他特別強調文體論的一大意圖。這種對文學衰弱、訛變的關注，以及為缺乏典範、缺乏傳統而憂慮的心情，正如同顏崑陽以「典範焦慮」與「傳統焦慮」看待之，並指出：

> 劉勰對於楚漢以來，文體解散，流弊不還的焦慮非常強烈。因此，「正末歸本」，重新反省文學本質、功能，樹立典範、建構傳統，以供創作者之依循，就是他寫《文心雕龍》的最重要企圖。[14]

可見劉勰對範式的期許與期待之情。文章之體需要正面典

---

14 引見顏崑陽：〈六朝文學「體源批評」的取向與效用〉，《東華人文學報》，3 期（2001），頁 32-33。

範，這典範正是文體重建的重要依據。故所謂文體「重建」，即意味將在已解散的傳統文章體式上，依據典範，重新建構符合時宜需要的文章體要，這過程非由新生，亦非獨創，其中對傳統的繼承相當重要，此即劉勰所謂的「參古定法」（〈通變〉）。〈通變〉：「名理有常，體必資於故實」，經典為「有常之體」提供資源，故文體重建的途徑，也必然循藉「參古定法」之道而行，劉勰明確體認「稟經以制式」（〈宗經〉）正為首要之務。劉勰不僅在創作論上宗經，批評論上宗經，文體的重建上亦皆奉經典為極則，其宗經觀顯然與復古、擬古有別。關於劉勰宗經原旨，當如劉永濟所謂：

> 欲變末俗之弊，則當上法不弊之文，欲通文運之窮，則當明辨常變之理。[15]

經典雖非文學之作，也並非為論文而作，然「聖文之雅麗，固銜華而佩實者也」（〈徵聖〉），就積極面而言，其文質俱佳，在行文之際的字裡行間，自足以成為創作典型；而就消極面而言，則可「變末俗之弊」，由此可見宗經的重要動機即在於「上法不弊之文」。「雅麗」在劉勰眼中，當屬文章體貌中的極致典型，在「雅」的前提下追求「麗」，使體貌表現情采得宜。故以之為文體典型，當有樹立範則、

---

15 引見劉永濟：《文心雕龍校釋・通變第二十九》（臺北：華正書局，1981年10月），頁111。

導正文風的作用，所謂「本體不雅，其流易弊」（〈諧讔〉）。
「雅麗」是内涵之「雅」與形式之「麗」的完美結合，若
具體析其結合要素，則如「文能宗經，體有六義」之說：

> 一則情深而不詭，二則風清而不雜，三則事信而不
> 誕，四則義貞而不回，五則體約而不蕪，六則文麗
> 而不淫。（〈宗經〉）

其中「情」、「風」、「事」、「義」等項較偏於文章内
容表現，指用情、旨趣、取材、義理方面的特點；而「體」、
「文」則偏於文章形式表現，指體製、辭藻方面的特色。
亦即具備情深、風清、事信、義貞、體約、文麗等表現特
點，且能在内容與形式關係自然和諧下組成的藝術整體，
可形成雅麗之風，亦即文質均衡的典型。[16]其決定文體表
現的關鍵，便在於宗經，劉勰謂：「模經為式者，自入典
雅之懿」（〈定勢〉），因此，「稟經以制式」既是重建
文體的正則，也可視作是對當時「厭黷舊式」習氣的矯正。

---

16 李建中對「文能宗經，體有六義」之詮釋謂：「劉勰的『體有六
　義』囊括了批評文體的三大層面：『體約而不蕪』可視為『體制』
　的簡約、純正和精確；『風清而不雜』、『文麗而不淫』則是『體
　貌』的清剛、典雅和明麗；而『情深』、『事信』、『義直』云
　云，則是『語體』所能達到的『體要』之效，也是批評文體的最
　高境界。」其說將六義和文體的三大要素加以聯繫，在此正可備
　參。詳見李氏〈劉勰「體乎經」的批評文體意義〉，《清華大學學
　報》（哲學社會科學版），2009 年 4 期（第 24 卷），頁 70。

鄧國光對此指出：

> 此所謂「體有六義」之體，正是〈體性〉所言典雅
> 之體。……劉勰暢言稟經制式的宗經效聖，目的在
> 提導典雅的筆致，以六義為法式所在。[17]

透過宗經六義以「確乎正式」，能對體式有標舉典範的作
用，也能藉由典雅之風致端正體貌，此亦可知劉勰取效經
典的作用與目的，在於樹立文體典範，而非守舊復古。而
能「確乎正式」，則「使文明以健，則風清骨峻，篇體光
華」（〈風骨〉），此為劉勰對文體的審美觀，亦是劉勰
的文體理想，其標榜了剛健清新又有美感的創作美學要
求，正有與華艷柔靡文風抗衡的針對性，並且可對「競今
疏古，風末氣衰」、「跨略舊規，馳騖新作」等時文病癥
進行美感認知的重整。[18]至於所謂「正式」，〈風骨〉提
出具體方法與要則：

---

17 引見鄧國光：〈文心雕龍本經制式的文體論研究〉，《文心雕龍研究》
　（保定：河北大學出版社，2002 年 1 月），第五輯，頁 58。
18 陳秀美〈反思《文心雕龍》「文體通變觀」之近現代學者的問題視
　域〉一文亦認為：「劉勰『問題視域』所要回應六朝『求新』、『求
　變』、『求奇』的時代文風。他想從文學傳統上『尋根』、『索源』，
　找尋一個可以連續過去、現在與未來的文學之道，一個可以『通
　古以變今』的文學觀點。」其說正能將「宗經」與「通變」觀點
　之間取得聯繫，透顯出劉勰立論深意，備列於此，以與本文印證。
　陳氏之文見《淡江中文學報》，22 期（2010），頁 209。

> 若夫鎔鑄經典之範，翔集子史之術，洞曉情變，曲
> 昭文體，然後能孚甲新意，雕畫奇辭。昭體故意新
> 而不亂，曉變故辭奇而不黷。

亦即從根本做起，從內至外，從情變到文體，歸結應備條
件使創作者的「新意」、與「奇辭」亦能在規範中呈現，
以發揮「望今制奇」的效果。鄧國光據此加以詮釋：

> 這段話便是「確乎正式」的張本。經典是模範，需
> 要用鎔鑄的硬功夫，以自己的生命徹底消化聖賢書
> 辭；子書史乘有助文思，但非用功的根本對象，……
> 則立意仍然是〈通變〉的「還宗經誥」、〈體性〉的
> 「鎔式經誥」；這樣，下文的「確乎正式」，便不是
> 泛言「正當的方式」；「正式」有具體的內蘊，那就
> 是典正的體式，是轉化經典的文體。[19]

此謂「正式」的確切意涵在於「典正的體式」，係由經典
的文體承襲轉化而來，是以「鎔鑄經典」當可作為重建典
正文體的重要取效之資。

　　綜合上述可知，所謂「文體理想」，是劉勰一本文學
現實之關懷，以「文體解散」的時文病癥為出發點，藉由

---

19 引見鄧國光：〈文心雕龍本經制式的文體論研究〉，《文心雕龍研究》
　　（保定：河北大學出版社，2002 年 1 月），第五輯，頁 59。

「望今制奇」、「參古定法」、「稟經制式」等積極法則，為文體諸要素建構出具有理想精神的「有常之體」，以確實回應「離本彌甚，將遂訛濫」的風習，並進而達成文體重建之目標的一種文學理念。這理念並不僅止於一種文學精神的標舉，其實也有相當具體的落實途徑，欲檢視其途徑，則需先從《文心雕龍》中佔全書相當大篇幅的「論文敘筆」體裁論著眼。

三、從「原始以表末」到「敷理以舉統」
──論《文心雕龍》文體理想的落實與開展

　　《文心雕龍》卷二至卷五這二十篇「論文敘筆，則囿別區分」的體裁論，一方面在辨體分類之際，探討文體同異及衍化關係，是文體分類意識的具體展現，對各體文章寫作而言，具有實際指導的意義；另一方面則頗有蘊含重建文體、開展文體理想的用心。要詮解其中用心，則可直接取徑於「原始以表末、釋名以章義、選文以定篇、敷理以舉統」這四項統攝各篇理論的綱領。劉勰運用綱領式的論述模式，來對文體進行系統性考察，並凸顯「設文之體有常」之理，而由文體原則的恆常性、穩定性推展，使文體理想能得以進一步落實與繼承。四項綱領執簡馭繁，將原本頭緒紛雜的文章體製相關問題條分縷析，結合史、論、

評等多元角度[20]，且各有其陳述或析論的功能，可說「確立了文體論的完整體系」、「奠定了古代文體論的基石」[21]。劉勰這種研究文體的方法，學者或以為是集前人之大成，如郭紹虞指出：

> 此四項中前一、二兩項（按：指「釋名以章義」、「敷理以舉統」），同於陸機〈文賦〉，而疏解較詳；第三項（按：指「原始以表末」）同於摯虞《流別》，而論述較備；第四項（按：指「選文以定篇」）又略同於魏文《典論》、李充《翰林》，而評斷較允。所以即就文體之研究而言，《文心雕龍》亦集以前之大成矣。[22]

或認為深受傳統史志目錄（如《漢書·藝文志》）影響，

---

20 黃保真、成復旺、蔡鍾翔等《中國文學理論史——先秦兩漢魏晉南北朝時期》一書即指出：「這四者的有機聯繫構成了史、論、評三結合的體制，這種體制有很大的優越性，使理論不脫離歷史，不脫離創作實際，不流於抽象空談，所以成為我國古代文論的良好傳統。」引見《中國文學理論史》（臺北：洪葉出版社，1993年12月），頁319-320。

21 以上兩語引見朱迎平：〈論文敘筆明綱領——文心雕龍文體論體系及其影響〉，《文心雕龍研究》（北京：北京大學出版社，1995年7月），第一輯，頁96-97。

22 引見郭紹虞：《中國文學批評史》（上海：商務印書館，1934年），上卷，頁132。

皆有稽古徵聖、原始察終、辨章學術、考鏡源流之用意。[23]
然其如何環繞「文體」的觀念立論及析評文章？又如何藉
以推衍出實踐文體理想的具體要領？則有進一步說明與探
討的必要。

（一）原始表末與「振葉尋根」

「原始以表末」是為文章體類尋究淵源與流變，其「體
源」的追溯，固然是劉勰有意彌補近代論文者「未能振葉
以尋根，觀瀾而索源」（〈序志〉）之缺憾，但更重要的
是能從史的角度，貫通發展脈絡，掌握上下千年文體演變
的脈動。所謂：「鋪觀列代，而情變之數可監」（〈明詩〉），
文體歷史之鋪陳列觀，是見證歷代作品變遷大勢的憑據。
變遷可能是一種進步的演化，但同時也可能走向歧途，正
如美國學者宇文所安指出：

> 「文」有一個演化過程，它有忽視源頭的危險。該
> 問題的出現最早可追溯到漢代，但它是在劉勰及其
> 同代人手中成型的，在後世中國文學傳統發展史中，
> 它將以不同的面目一再出現。從此以後，文學理論
> 的一個功能就是迫使當代作家承認源頭，承認了源

---

23 詳參羅宗強：《魏晉南北朝文學思想史》（北京：中華書局，1996
　年 10 月），第七章〈劉勰的文學思想（中）〉，頁 293-303。

頭，才能重建連續性。[24]

文體發展必然有其「連續性」，在約定俗成中逐漸形塑出「有常之體」，並可能連帶產生變異性，釐清了這個發展脈絡，檢視文體之常與變的判準方得以確立。

劉勰將後世文體推源於五經，〈宗經〉：

> 論說辭序，則《易》統其首；詔策章奏，則《書》發其源；賦頌歌讚，則《詩》立其本；銘誄箴祝，則《禮》總其端；記傳盟檄，則《春秋》為根。

此從文章的共同淵源找尋根本，這正是劉勰振葉尋根、觀瀾索源之著書理想的具體展現，文體有源有本，創作可得取範之資，因此匯集「先哲之誥」的經典，可作為「有常之體」的源頭。由此亦知劉勰宗經乃有積極為文體溯源之目的，並非盲目崇古，而向龐雜的經誥之體溯源，從源及流，一路爬梳，所尋繹出的線索，更能顯見劉勰之特識。朱迎平謂：

> 〈宗經〉中已有文源五經的總體論述，文體論諸篇中的「原始」部分則是作進一步的具體闡發。……

---

24 引見（美）宇文所安著、王柏華等譯：《中國文論：英譯與評論》（上海：上海社會科學出版社，2003年1月），頁205-206。

> 「原始」部分的作用在於和全書論文的主導思想保
> 持一致,「表末」的部分則是核心所在,充分展示了
> 劉勰史家的卓越見識。……「原始」和「表末」的
> 結合,即完成了對文體產生發展全過程的系統考
> 察。[25]

「原始」和「表末」考察的結合,正可見到劉勰宗經觀的
具體落實,以及鑒別文體沿革之史學特識。例如追溯「哀」
體之源,指出:

> 昔三良殉秦,百夫莫贖,事均夭枉,〈黃鳥〉賦哀,
> 抑亦詩人之哀辭乎?(〈哀弔〉)

此根據《詩經・秦風・黃鳥》之序、《左傳・文公六年》
之文,以為《詩經・黃鳥》詩中「如可贖兮,人百其身」
的「詩人之哀辭」蓋為「哀」體之遠源,即主要以經典所
載為立論之據。至於其後之演變發展:

> 暨漢武封禪,而霍嬗暴亡,帝傷而作詩,亦哀辭之
> 類矣。降及後漢,汝陽王亡,崔瑗哀辭,始變前式。
> 然履突鬼門,怪而不辭,駕龍乘雲,仙而不哀;又

---

25 引見朱迎平:〈論文敘筆明綱領──文心雕龍文體論體系及其影
　　響〉,《文心雕龍研究》(北京:北京大學出版社,1995 年 7 月),
　　第一輯,頁 98-99。

　　卒章五言，頗似歌謠，亦彷彿乎漢武也。（〈哀弔〉）

原本僅施用於早夭短折者的哀辭，至崔瑗〈汝陽王哀辭〉「始變前式」，然其中頗有「怪而不辭」、「仙而不哀」等體式表達不盡愜當之處，至此哀辭已有變體現象，也可見劉勰欲藉以正體的文體意識。又如追溯「贊」體之源時，劉勰指出：

　　昔虞舜之祀，樂正重贊，蓋唱發之辭也。及益贊於
　　禹，伊陟贊於巫咸，並颺言以明事，嗟歎以助辭也。
　　故漢置鴻臚，以唱拜為贊，即古之遺語也。至相如
　　屬筆，始贊荊軻。及遷《史》固《書》，託贊褒貶。
　　約文以總錄，頌體以論辭；又紀傳後評，亦同其名。
　　（〈頌贊〉）

「樂正重贊」之事見於〈尚書大傳〉，「益贊於禹」事見於《尚書‧大禹謨》，「伊陟贊於巫咸」事見於《尚書‧商書》。劉勰將贊體遠源向虞舜、益、伊陟時代追溯，並推原於經籍，從《尚書》中蒐集線索，指出「贊」起初原是一種高聲宣唱、長聲詠嘆的言辭；其後漢代設置鴻臚之官，於郊廟參贊唱拜，仍帶有古時贊語遺風；再至司馬相如作〈荊軻贊〉，讚述荊軻刺秦王之舉，是以文字為贊的開始，此時體式已發生改變。而在《史記》、《漢書》中則用以褒貶評讚人事，發明傳之本意，並成為史書固定體

例，此已與贊助發明、一意褒美之意不同，故劉勰以「頌體以論辭」謂之，不但表明此體與「頌」體之關係，並標舉此亦為贊體之變。

劉勰一方面從群經及早期史料中勾勒發展線索，一方面則特別關注後世文體之變異，在「原始以表末」的歷史考察上，具有辨正的觀點及意義。

（二）釋名章義與「正名審用」

文體的名稱常與內涵、功能、用途、對象、來源等有關，當一種文體有了固定名稱，即表示其存在性已受到認定，且對其功能取向也有了共識。如有學者針對「名義」兩者關係指出：

> 「名」的確定表明文體已成為肯定的存在；而「義」的內涵，則揭示文體反映主觀意志的功能。「名」是「義」的結晶，「義」是「名」的實質，它們相輔相成地統一於文體之中。[26]

故可知「釋名以章義」之目的，除了在解釋文章體類名稱的意義或命名來由之外，更重要的，當有接受文體存在與功能的用意，並藉由「正名」界定該文體本質，以達循名以責實的用意，如此在文體名實相符下所建立的規範法則，即可成為與該文體相應的「體要」。黃侃指出：

---

26 引見黃河：〈文心雕龍文體研究的美學意義〉，《華僑大學學報》（哲學社會科學版），1994 年第 3 期（1994），頁 107。

> 詳夫文體多名，難可拘滯。有沿古以為號，有隨宜
> 以立稱，有因舊名而質與古異，有創新號而實與古
> 同。此唯推迹其本原，診求其旨趣，然後不為名實
> 玄紐所惑，而收以簡馭繁之功。[27]

文體名稱常隨時因用而多變，故推溯文體本義，當有診求旨趣、化簡馭繁之功。

　　首先，在文體名稱的詮釋上，劉勰慣用「音訓」之法來為文體定義。音訓法是「因聲以求義，使某種文體的音義確定其本音本義後從而引申之」[28]。例如為「詩」體定義曰：「詩者，持也」（〈明詩〉）、為「賦」體定義曰：「賦者，鋪也」（〈詮賦〉）、為「箴」體定義曰：「箴者，針也」（〈銘箴〉）、為「讔」體定義謂：「讔者，隱也」（〈諧讔〉）、為「議」體定義謂：「議之言宜，審事宜也。」（〈議對〉），其他類似例尚多，此不詳舉。劉勰在文體名義訓釋上，概括力求簡要精鍊而達旨，或有所本，或出於己意，目的當在於讓讀者能「觀辭立曉」，從字面意義掌握文體基本特質，及延伸而出的精神意涵，

---

27 引見黃侃：《文心雕龍札記》（臺北：文史哲出版社，1973 年 6 月），頁 73。

28 引見邱世友：〈文心雕龍文體論音訓初探〉，《文心雕龍研究》（保定：河北大學出版社，2002 年 1 月），第五輯，頁 130。邱氏並云：「《文心雕龍·明詩》以下論文體二十篇，共三十四種，除去雙音詞四種無法進行聲訓，『祝』、『對』兩體未直接釋名之外，其餘二十八種文體中有二十六種是以聲訓訓詁，釋名取義的。」

並發揮立即聯想、名義相應的辨體作用。

　　其次，在文體功能的陳述上，劉勰常著重凸顯文體的正面功能或價值，如「詩」之「持人情性」（〈明詩〉）、「頌」之「美盛德而述形容」（〈頌贊〉）、「誄」之「累其德行，旌之不朽也」（〈誄碑〉）、「論」之「倫理無爽，則聖意不墜」（〈論說〉）、「移」之「移風易俗，令往而民隨」（〈檄移〉）等，這些有益人倫德行、風俗教化的文體功能，固然呈現了劉勰受聖訓薰陶、力持徵聖宗經旨歸的思想傾向，然而文章乃經國之大業，可炳煥君臣，昭明軍國，兼具化成天下之責，故凸顯文體「人文性」的社會功能，亦屬文理之必然。劉勰對「銘」之功能的敘述，最可為此項說明的註腳，〈銘箴〉云：

　　　　銘者，名也，觀器必名焉，正名審用，貴乎盛德。（〈銘箴〉）

「銘」是給予器物的適當名稱與題辭，所謂適當，便在於能根據器物，端正名稱，審明功用，並重視其所呈現的戒慎之德。「正名審用」固然為「銘」體名義之要，其他文體亦皆應如此，故可說是劉勰文體論「釋名以章義」的一大要務。

（三）選文定篇與「囿別區分」

　　「選文以定篇」之目的在於檢視並評估創作實績，在

陳述時，有時會與原始表末的部分合併敘述，其在「選」、「定」之際，除凸顯了作品特點、進行文學批評之外，亦自然具有提供正面示範或反面鑒戒的功用。

　　劉勰在進行選評時，頗著意凸顯已達文體理想規準之作品，如以下所舉：

> 傅毅所制，文體倫序；蘇順崔瑗，辨絜相參，觀其序事如傳，辭靡律調，固誄之才也。（〈誄碑〉）

> 觀〈劇秦〉為文，影寫長卿，詭言遯辭，故兼包神怪；然體製靡密，辭貫圓通，自稱極思，無遺力矣。（〈封禪〉）

> 若夫賈誼之〈務農〉，鼂錯之〈述兵〉，王吉之〈勸禮〉，溫舒之〈緩獄〉，匡衡之〈定郊〉，谷永之〈諫仙〉，理既切至，辭亦通辨，可謂識大體矣。（〈奏啟〉）

> 若乃張敏之斷輕侮，郭躬之議擅誅，程曉之駁校事，司馬芝之議貨錢，何曾蠲出女之科，秦秀定賈充之諡，事實允當，可謂達議體矣。（〈議對〉）

以上各例即均從文體的角度來衡量，所謂「文體倫序」、「體製靡密」或者以為「識大體」、「達議體」等，意謂

諸作在該體類作品中能達到文體的標準，劉勰為文體標舉
範型的用意亦於此可見。

在作品特點的揭舉或批評方面，劉勰常以雅麗兼備者
為理想之作，故評斷時，也多以情采能否俱佳為著眼；否
則，劉勰便以優劣並陳之方式予以評斷。雅麗兼備、情采
俱佳者如：

> 潘岳繼作，實鍾其美。觀其慮贍辭變，情洞悲苦，……
> 故能義直而文婉，體舊而趣新，金鹿澤蘭，莫之或
> 繼也。（〈哀弔〉）

> 賈誼浮湘，發憤弔屈，體周而事覈，辭清而理哀，
> 蓋首出之作也。（〈哀弔〉）

> 郭璞〈客傲〉，情見而采蔚。（〈雜文〉）孟荀所述，
> 理懿而辭雅；管晏屬篇，事覈而言練。（〈諸子〉）

> 陳思之表，獨冠群才。觀其體贍而律調，辭清而志
> 顯，應物製巧，隨變生趣，執轡有餘，故能緩急應
> 節矣。（〈章表〉）

引文中，「體舊而趣新」、「體周而事覈」、「體贍而律
調」諸語，顯然均就文體要素及角度呈現作品特點；又如
「義直而文婉」、「辭清而理哀」、「情見而采蔚」、「理

懿而辭雅」、「事覈而言練」、「辭清而志顯」等評語，皆兼從情與采兩方角度看待，且大致均為該體類中穎出之佳作。至於未能情采俱佳而以優劣並陳方式評述者，如對於「對問」類中的作品指出：

> 陳思〈客問〉，辭高而理疏；庾敳〈客咨〉，意榮而文悴。（〈雜文〉）

前者文辭高妙而義理空疏，後者含意豐富而辭采枯瘦；辭高理疏是采勝於情，而意榮文悴則是情勝於采，兩者均屬情采未能搭配得宜的情形。又對「箴」之各家作品評謂：

> 至於潘勗〈符節〉，要而失淺；溫嶠〈侍臣〉，博而患繁；王濟〈國子〉，引多而事寡；潘尼〈乘輿〉，義正而體蕪；凡斯繼作，鮮有克衷。（〈銘箴〉）

劉勰在此舉列潘勗、溫嶠、王濟、潘尼等位作家的箴體代表作，其所謂「要而失淺」、「博而患繁」、「引多而事寡」、「義正而體蕪」，即未臻理想，而以優劣並陳方式評述，其中「義正而體蕪」正是「宗經六義」中「義貞而不回」、「體約而不蕪」之典範體式檢驗下所呈現的評價。至於對文體掌握有失精確的作品，也是劉勰選文定篇時所關注的。如選評兩漢以至魏晉時期「頌」體之作，以為頗有未盡符合體製要求者，其謂：

> 班、傅之〈北征〉、〈西征〉，變為序引，豈不襃過而
> 謬體哉！馬融之〈廣成〉、〈上林〉，雅而似賦，何弄
> 文而失質乎？又崔瑗〈文學〉，蔡邕〈樊渠〉，並致
> 美於序，而簡約乎篇；摯虞品藻，頗為精覈，至云
> 雜以風雅，而不辨旨趣，徒張虛論，有似黃白之偽
> 說矣。及魏晉雜頌，鮮有出轍。陳思所綴，以〈皇
> 子〉為標；陸機積篇，惟〈功臣〉最顯；其襃貶雜
> 居，固末代之訛體也。(〈頌讚〉)

班固、傅毅將具有「襃德顯容」性質的頌寫成有如長篇鋪
敘事蹟的序，襃美過度，不合體製，故有「襃過而謬體」
之弊；馬融所作之頌命意純正，但篇中多為賦體，舞文弄
藻，已失頌體實質，故謂其「弄文而失質」。崔瑗、蔡邕
之頌在序文表述讚美之意，正文卻簡約，故頗有本末倒置
之感。以上屬兩漢時代頌體之變。至於魏晉時期，陸機〈漢
高祖功臣頌〉將襃與貶混雜於一篇，則屬頌文之末流，錯
訛之變體。歸結上述可知劉勰以為：「頌之體式所宜注意
者有三：一、序不可長；二、與賦不同，應分其體，三、
義主頌揚，有美無刺」[29]，故凡未合此規格要求者，即屬
文體之變，甚至直指為「謬體」、「訛體」。可見劉勰在
「定篇」時對文體之辨採取了相當嚴明的態度。

---

29 此為劉師培《左盦文論·文心雕龍頌讚篇》之語，轉引自詹鍈：《文
　心雕龍義證》(上海：上海古籍出版社，1994 年 8 月)，上冊，頁
　334。

　　由此可見，不論列舉正面評價之作、優劣並陳之作，甚至「謬體」、「訛體」等較為負面評價之作，均能在區囿辨體之際，發揮為作品標舉範型的作用。

（四）敷理舉統與「確乎正式」

　　「敷理以舉統」是各類文體寫作體式的揭舉，也是對前述三個綱領的總結。劉勰所根據的，正是各篇所論體類的歷史淵源、名稱定義、歷代典範之作等綜合歸結而來「理統」，其用意即在於為文體「確乎正式」做明確宣言，故在性質上可視作「文體論的歸宿和核心」[30]。劉勰謂「規略文統，宜宏大體」（〈通變〉），又謂「文場筆苑，有術有門，務先大體，鑑必窮源。」（〈總術〉）可見為文筆諸體類尋繹方法門徑，從「大體」入手，並窮源溯本，寫作原理方得以具體昭顯。從劉勰屢屢提挈「大體」、「大要」、「樞要」、「大略」、「綱領之要」等，即可見「敷理以舉統」在全書文論中的切要性[31]。

30　此語出朱迎平：〈論文敘筆明綱領——文心雕龍文體論體系及其影響〉，《文心雕龍研究》（北京：北京大學出版社，1995年7月），第一輯，頁100。

31　如王運熙指出：「它是各篇的結穴所在，前面三項內容，歸結起來都為闡明各體文章的體制特色和規格要求服務，所以它的地位最為重要。」見〈文心雕龍的宗旨、結構和基本思想〉，收錄於甫之、涂光社編《文心雕龍研究論文選》（濟南：齊魯書社，1988年1月），頁240。另又如賴麗蓉即指出：「整個敷理舉統的工作，無非是通變篇『規略文統宜宏大體』的理論實踐。」見〈文心雕龍「文體」一詞的內容意義及「文體」的創造〉，《文心雕龍綜論》（臺北：臺灣學生書局，1988年5月），頁151。

　　劉勰所提挈諸體的理統，常兼從正面理則及負面避忌兩方面立說。如對賦之「大體」指出：

> 原夫登高之旨，蓋觀物興情。情以物興，故義必明雅；物以情觀，故詞必巧麗。麗詞雅義，符采相勝，如組織之品朱紫，畫繪之差玄黃，文雖雜而有質，色雖糅而有儀，此立賦之大體也。然逐末之儔，蔑棄其本。雖讀千賦，愈惑體要；遂使繁華損枝，膏腴害骨，無實風軌，莫益勸戒，此揚子所以追悔於雕蟲，貽誚於霧縠者也。（〈詮賦〉）

情因物興，物中寓情，賦家觀物興情，從事創作時，既應具有明潔典雅的文義，也需表現豔巧絢麗的詞采，如此「情」「物」兼備、「義」「詞」並重，作品方能如美玉一般，質地紋理相得益彰。「麗詞雅義」的風格，與「聖文之雅麗」的理想體貌正能相符對應，具體呈現了劉勰論文一貫「以情性為根柢，用經典作準則」[32]的文學觀點，由此亦可見「立賦之大體」為實踐賦之文體理想的關鍵。至於負面之忌，謂講究辭藻華麗而逐末蔑本者，惑於體要，使賦體淪為文采冗贅卻無益於風俗教化之作，這自然有「繁采寡情」（〈情采〉）之弊，故劉勰在此鍼砭末流「為文

---

[32] 語出王師更生：《中國古代文學理論的秘寶——文心雕龍》（臺北：黎明文化事業，1995 年 7 月），頁 163。

造情」之習，乃有正體之意。又如「議」之「大體」、「大要」：

> 故其大體所資，必樞紐經典，採故實於前代，觀通變於當今；理不謬搖其枝，字不妄舒其藻。……然後標以顯義，約以正辭，文以辨潔為能，不以繁縟為巧；事以明覈為美，不以環隱為奇，此綱領之大要也。（〈議對〉）

議體有關治術，必須在思想上要求嚴謹正確，故應以經典為依據，博採前代史實，觀曉古今通變之理；說理表達上，不專執著於枝微末節；字詞表達上，不妄加虛飾；並且以「辨潔」、「明覈」為行文綱領，不尚「繁縟」與「環隱」，如此自能言之有物，發揮駁議的力量。此外，又兼從負面論「議」體宜注意避忌：

> 若不達政體，而舞筆弄文，支離構辭，穿鑿會巧，空騁其華，固為事實所擯；設得其理，亦為遊辭所埋矣。昔秦女嫁晉，從文衣之勝，晉人貴勝而賤女；楚珠鬻鄭，為薰桂之櫝，鄭人買櫝而還珠。若文浮於理，末勝其本，則秦女楚珠，復存於茲矣。（〈議對〉）

劉勰在此明確反對炫文弄采、取巧騁華者，以為只重視文辭藻采，忽略內容事理，就有如貴膝賤女、買櫝還珠之行徑一般，成為捨本逐末之流。此與上述賦體所論負面之忌與本末之辨相同，劉勰的持論立場皆在於端正文體以鍼時弊。

辨析相近文體，亦是敷理舉統的一項要務。所謂：「撮舉同異，而綱領之要可明」（〈明詩〉），劉勰釐清諸體之間異同，以達成辨體之目的，而藉由同異之辨，則可進一步確立文體的範疇與典型體式。如對「箴」與「銘」之區分，劉勰指出：

> 夫箴誦於官，銘題於器，名目雖異，而警戒實同。箴全禦過，故文資确切；銘兼褒讚，故體貴弘潤；其取事也必覈以辨，其摛文也必簡而深，此其大要也。（〈銘箴〉）

此闡明兩體名稱雖異，施用場合有官府、器物之別，但同樣皆具警戒作用；就其用途而言，「箴」防備過失，「銘」則用以褒揚讚美，因此，「箴」以準確切實為要，「銘」以弘大溫潤為貴，兩者表現精神與體貌亦有所不同；而取材「覈以辨」，行文「簡而深」，則兼為兩體寫作要領。在比較中，可見同中之異，異中之同，對於合篇兩體的共通及相異之處，進行細微區分，當可有助於體要之辨。另例如對「移」與「檄」之區分，劉勰指出：

> 故檄移為用，事兼文武，其在金革，則逆黨用檄，
> 順命資移；所以洗濯民心，堅同符契，意用小異，
> 而體義大同，與檄參伍，故不重論也。(〈檄移〉)

是知兩體可兼用於文事與武備，然「檄」用於討逆，「移」
用以撫順，作意用途稍別，體製要領則大致相同，在此對
兩體異同之處做確要揭示，對於兩體合篇原因也提出解釋。

在「敷理以舉統」體例中，劉勰一方面對體要、體式
做總結，另一方面就所呈現之體貌做適度規範，既陳述正
面理則，又兼顧負面避忌，並且也為各體類畫分畛域，針
對其中異同進行審慎辨析，故其正體、辨體的用意能充分
彰顯，「就文學創作來說，可以和《文心雕龍》下篇文術
論發生互補的效果」[33]，對於文體理想的開展而言，也具
有關鍵意義，其重要性不可忽視。

以上分從四項綱領探討劉勰文體理想的體現，可知其
目的當不僅止於辨析文章分類而已，其對於「設文之體有
常」的建構，以及「體源」、「體要」、「體式」之提挈
而言，實有深遠用意。此即如同顏崑陽的析論所云：

> 「原始以表末」，是追究各種文體的發生與形成，可
> 稱為「體源」觀念。「釋名以章義」是析釋各種文類
> 的名稱而表明其意義指涉，也就是循名以求實的工

---

33 同上註，頁 164-165。

作，其用意乃在於釐清一種文學體製的性質與功能
——也就是「體要」。「選文以定篇」，是以已實現的
文學作品來驗證名實相副的狀況。其主要目的倒不
在針對各家作實際批評，而是要使「釋名以章義」
所得的抽象概念納入經驗內容，讓文體概念具有實
質性的涵義。……「敷理以舉統」，從名實相副的概
念與實際例證的觀察中，歸納出文體的普遍法式，
這也就是〈體性篇〉中所謂的「體式」觀念。[34]

此說將四項綱領圍繞著文體為核心進行意涵的推衍，並與
「體源」、「體要」、「體式」等文體概念做確切對應，
可為本節論述之參證與呼應，從而可見《文心雕龍》旨在
「論文敘筆」的文體論，其實亦具有多角度、多層次的深
切用心。

四、結　語

文體本身有不隨時變易的相對穩定性，對創作能發揮
制約作用，而文體重建則是針對「文體解散」的現象所進
行省思後的策略，是故劉勰對文體予以特意關注，此實可
視為《文心雕龍》文論上的一大特點。文體重建顯然為劉
勰著述要旨之一，目的在於藉由辨體、正體的過程，以矯

---

34 引見顏崑陽：〈論文心雕龍「辯證性的文體觀念架構」〉，《六朝文
學觀念叢論》（臺北：正中書局，1993年2月），頁102。

正訛體、謬體，進而達成文體理想。所謂「昭體故意新而不亂」（〈定勢〉），即可見劉勰並未反對文體朝向新變的趨勢發展，然而其變必須循「有常之體」，亦即依文體常軌而行，否則一味追新求異，就難免統緒失宗而致「愈惑體要」，甚至失體成怪。因此，辨以立範，訛以導正，可謂是劉勰文體論的立論核心。

　　綜結本文論述重心主要有二：一方面是從「參古定法」、「稟經制式」等文學觀點，釐析劉勰建構文體理想的理論脈絡，彰顯文體主張的立論根據；另一方面則從《文心雕龍》二十篇體裁論的四大立論綱領著眼，探討其實質用意，如：「原始以表末」為文章各體原始要終、固本開源，「釋名以章義」為各體循名責實、正名審用，「選文以定篇」為各體提供正面範式及反面鑒戒，「敷理以舉統」則係體要、體式、體貌的總結與規範。凡此可見劉勰文體意識深刻，兼顧史、論、評等多元角度，從各種視角凸顯了文體的理想，其不僅綱舉目張，理據兼備，為文體理論之發展奠定系統性的規模；並且切實回應了文學發展現象，為文體諸要素建構出具有理想性的「有常之體」，發揮指導創作的實質功能，也為「文律運周，日新其業」（〈通變〉）的文運，找到可長可久的發展之路。故從文體理想的角度考察劉勰的為文用心，可讓《文心雕龍》文論得到更切實的詮解，而這也正是文體論研究中一項甚具意義的任務。

文心雕龍與文學風采

肆、義貴圓通，辭共心密
——論《文心雕龍》論體風格之實踐

一、前　言

　　風格的探索，一向是文學研究上的重要議題。對進行創作的作者來說，講求風格是展現自我特性，以求自我樹立，區己別他的重要途徑；對從事賞評的讀者來說，概括風格則為進行深度鑑賞、理解作家創作才情及判別作品審美質性的必經環節。

　　《文心雕龍》是在特殊的文學時空環境下所產生的一部奇書，其書旨在「論文」，或探文學之源，或究文學之體，或論析文學創作之術，或闡述文學批評之理，性質雖以論述文理為主，並非純粹的文藝作品，然劉勰也在六朝文學自覺的趨勢推助下，極力追求評論文字的表述美感，

在自己書中具體實踐文章的寫作藝術。在他高度創作才華的巧筆揮灑下，篇篇辭采雅麗可觀，面貌獨具，在中國文學理論批評發展史上自成一家，其以駢文體式撰述，更可謂是兼顧文章理論與創作實踐的佼佼者。劉麟生曾指出：

> 英國文學批評家亞諾爾（Matthew Arnold）有言：文學批評之佳者，其本身即為文學。持此以論《詩品》及《文心雕龍》，真不易之妙論也。然彥和之筆，儷而能密，雅而有致，謚為邏輯式之駢文，殆無不可。[1]

「儷而能密，雅而有致」正是對風格概貌的描述，而以「邏輯式之駢文」概括，也正見其書文章有文學作品之風采。近年學者對此特點尤多有致意者，如鄭在瀛《六朝文論講疏》書中指出：

> 劉勰精於聲律，以駢文的形式來撰寫理論文章，又是一個創舉。從前，揚雄自謂「心好沈博絕麗之文」（〈答劉歆書〉）。《文心雕龍》的文章真正是「沈博絕麗」，文采彪炳，意義環深。從理論的角度看，它「深得文理」；從文章學的角度看，它曲得文情。它

---

1 引見劉麟生：《駢文學》（上海：商務印書館，1934 年），頁 85。

是駢體文和論說文的典範。[2]

此即從文論和文章方面，推崇《文心雕龍》卓絕成就。辛剛國也說：

> 《文心雕龍》很難得地用駢體寫就，這就意味著作者同陸機一樣要同時完成兩種任務：一是批評理論著作，一是文學作品。在兩者的融合方面，《文心雕龍》可以說臻於完美。[3]

《文心雕龍》既然能兼有批評理論著作及文學作品的雙重性質，誠如沈謙所謂：

> 以俳偶文體從事專門論述，是一本膾炙人口的「批評文藝」傑作。[4]

由以上可見，不論是「文學批評之佳者，其本身即為文學」，或者能被視為「批評文藝」，有關於其文章風格之探析，正可找到較為明確的著力點。

---

2 引見鄭在瀛：《六朝文論講疏》（臺北：萬卷樓圖書公司，1995 年 5 月），頁 49。

3 引見辛剛國：《六朝文采理論研究》（北京：中國社會科學出版社，2005 年 2 月），第 5 章，頁 207。

4 引見沈謙：〈文心雕龍評述〉，《幼獅月刊》40 卷 1 期，1974 年 7 月，頁 11。

　　歷來學者對《文心雕龍》風貌頗有賞評之意，如云「體大而慮周」[5]，或者「理精意密，字順文從」[6]等，係從其書的論理成就立論；而「文藻翩翩」[7]、「辭旨偉麗」[8]、「為文亦稱贍雅」[9]等，則就文辭藻采特點上著眼。諸家所給予《文心雕龍》的概評，對於此書風貌特質之掌握，已有大致輪廓。其實《文心雕龍》，不僅在體系結構、思理或文采等方面卓絕群倫，與其他文論著作面貌有別，其文章風格方面的特性，亦是此書獨步千古的重要因素，當予以評估考量。清劉澐在比較司空圖《詩品》與劉勰《文心雕龍》、鍾嶸《詩品》三家論著時曾指出：「《詩品》之作，耽思旁訊，精騖神遊，乃司空氏生平最得力處。有劉舍人之精悍，而風趣過之；有鍾中郎之詳贍，而神致過之。」[10]旨雖在推贊司空圖《詩品》於「風趣」、「神致」上的特長，但其實也間接認定了《文心雕龍》「精悍」的風貌。然何以「精悍」？何處「精悍」？除了論文之體本身應有

5　語見章學誠：《文史通義·詩話篇》。

6　語見李執中：〈劉彥和文心雕龍賦〉，引自楊明照：《增訂文心雕龍校注·下·品評第二》(北京：中華書局，2000年8月)，頁660。

7　語見胡維新：《兩京遺編·序》，引自楊明照：《增訂文心雕龍校注·下·品評第二》，頁646。

8　語見沈津：〈百家類纂劉子新論題辭〉，引自楊明照：《增訂文心雕龍校注·下·品評第二》，頁647。

9　語見史念祖：〈俞俞齋文稿初集文心雕龍書後〉，引自楊明照：《增訂文心雕龍校注·下·品評第二》，頁659。

10　語見劉氏〈詩品臆說序〉，引自郭紹虞：《詩品集解·附錄》(北京：人民文學出版社，1963年)，頁70-71。

的「精悍」或者「嚴密」、「圓通」等風貌之外，如何更確切辨析並界定《文心雕龍》的文章風格？此實為值得進一步探索的課題。

《文心雕龍》暢論文章之理，五十篇各篇均設專題，並針對主題詳加闡析，綜理要則，五十篇專文如同劉勰所自云「適辨一理為論」（〈諸子〉），性質實近似「論」體。[11]故欲進一步探求《文心雕龍》的文章風格，從「論」體著眼，正能得到充分的印證，如此闡論不但名實相符，另也可作為檢視劉勰文論自我落實的重要依據。是以本文嘗試從風格的角度進行探究，先從論體的基本特質為出發點，進而考察《文心雕龍》在文辭經營（形文）、音律調協（聲文）、情志表現（情文）上所透顯的文章風采，並與劉勰所揭舉的文體風格理想檢視對應，從中歸結出其書以駢著論在論體風格方面的時代意義與成就。

二、論體之基本特質與風格

體裁與風格之間的關聯，一直以來就受到文論家關注。曹丕在〈典論論文〉中提出：「奏議宜雅，書論宜理，銘誄尚實，詩賦欲麗」，首先從前人寫作實踐中大致歸結出文體的寫作要點，「雅」、「理」、「實」、「麗」實

---

11 如穆克宏〈談《文心雕龍》的表現形式的特點〉一文即云：「《文心雕龍》的體裁，按其性質來說，應屬於『論』。」見穆氏：《文心雕龍研究》（廈門：鷺江出版社，2002年8月），頁184。

有指涉風格之意；其後陸機在〈文賦〉更進而揭舉出十種
文體的風格：「詩緣情而綺靡，賦體物而瀏亮，碑披文以
相質，誄纏綿而淒愴，銘博約而溫潤，箴頓挫而清壯，頌
優游以彬蔚，論精微而朗暢，奏平徹以閑雅，說煒曄而譎
誑。」可見體裁其實也是影響風格表現的一項要素，不過
兩者之間關係也未必完全對等，王元化對此分析云：

> 不同的體裁具有其本身所要求的不同風格，作家的
> 創作不能違反風格的客觀因素，……不過，體裁祇
> 是規定結構的類型和作品風格的基本輪廓。不同作
> 家由於創作個性的差異，在寫同一體裁作品的時
> 候，仍然會烙印下每個作家的創作個性特徵，顯示
> 他所獨具的風格的共同基調。[12]

風格同時受主觀因素與客觀因素影響，作家本身的才性特
質即主觀因素，至於體裁則屬客觀因素，是在「結構的類
型和作品風格的基本輪廓」上予以大致的規範。因此，不
同體裁在不同的內容需要與寫作要求下，或者同一體裁在
不同特質作家的手上，其風格美感都會呈現些許差異。
　　「文體風格」可說是「該類文學體裁中許多代表作品
風貌的概括。」[13]從曹丕〈典論論文〉的「書論宜理」，

---

12 引見王元化：〈釋體性篇才性說－關於風格：作家的創作個性〉，《文
　心雕龍講疏》（上海：上海古籍出版社，1992年8月），頁130。
13 參見楊成鑒：《中國詩詞風格研究》（臺北：洪葉文化事業，1995
　年12月），第1章，頁19。

到陸機〈文賦〉的「論精微而朗暢」，再至蕭統《文選·
序》則綜合上述二者提出：「論則析理精微」，可見「論」
之核心精神在「理」，且理應求「精微」。關於「精微」，
《文選》李善注：「論以評議臧否，以當為宗，故精微朗
暢。」[14]劉熙載《藝概》則更進一步對「論精微而朗暢」
之說推闡云：

> 精微以意言，朗暢以辭言。精微者，不惟其難惟其
> 是；朗暢者，不惟其易惟其達。[15]

凡此皆從以往論體作品風貌的概括，而漸成為論體寫作特
質的共同規範。是故「以當為宗」以及「惟其是」、「惟
其達」，可看作多數文家對論體寫作要求的普遍認知。再
從《文心雕龍》本身對於「論」體寫作要則的觀點來看，
如〈論說〉提出「論」之定義云：

> 論也者，彌綸群言，研精一理也。

對「論」體之寫作要領，指出：

> 論之為體，所以辨正然否；窮於有數，追於無形，

---

14 見《文選·卷十七·文賦》李善注。
15 見劉熙載：《藝概·文概》（臺北：漢京文化事業，1985年9月），
　　卷1，頁43。

> 鑽堅求通，鉤深取極，乃百慮之筌蹄，萬事之權衡
> 也。故其義貴圓通，辭忌枝碎，必使心與理合，彌
> 縫莫見其隙；辭共心密，敵人不知所乘，斯其要也。

可知「論」之寫作，首先要能參稽眾說，彌綸群言，作為
「研精一理」的基礎；其次，應有定見，辨正事理的是非
然否，以作為衡量的標準；再者，要用鑽堅、鉤深的態度，
掌握事理關鍵；最後，論之表達要領，在義理方面，貴能
圓備通達；在文辭方面，要避免支離破碎，如此，辭與理
皆精審嚴密，方能使人無可乘之隙。至於「論」之理，有
正曲之別：

> 論如析薪，貴能破理。斤利者，越理而橫斷；辭辨
> 者，反義而取通。覽文雖巧，而檢跡如妄。唯君子
> 能通天下之志，安可以曲論哉？

意謂「論」雖如「析薪」的利斧，砍斫可以無往不利；然
若「越理而橫斷」、「反義而取通」，一味強詞奪理，妄
加武斷，違逆客觀規律，則其文乍看雖精巧，卻僅能曲人
之口而未必能服人之心，此即所謂「曲論」。此仍以「理」
立論，正好也回應了曹丕「書論宜理」的觀點。[16]是以紀

---

16 如柯慶明謂：「他還是從儒家的『唯君子能通天下之志』的立場，
反對『越理而橫斷』，『反義而取通』的曲論，其重點似乎又回到
了曹丕的『書論宜理』。」參柯氏：〈論、說作為文學類型之美感
特質的探究——中古文學部分的考察〉，《廖蔚卿教授八十壽慶論文
集》（臺北：里仁書局，2003年2月），頁9。

昀曾指出：「彥和論文多主理，故其書歷久獨存。」[17]

　　劉勰身處南朝，正好是玄理清談風氣盛行的時代，當時清談所採用的辯說方法，也連帶影響文章的表達形式，所謂「因談餘氣，流成文體」（〈時序〉），故上所述論之表達亦與辯論術同趣，皆強調「理」與「辭」的契合，使辭能達切理厭心的要求，其意正如劉熙載所云：「論不可使辭勝於理，辭勝理則以反人為實，以勝人為名，弊且不可勝言也。」[18]

　　論以「義貴圓通，辭忌枝碎」為基本寫作要求，可見涵蘊內容的「文義」與表現形式的「文辭」，均成為影響論體風格表現的關係要素。先從文義層面來看，「圓通」是劉勰所提出的文體特點要求，他對揚雄〈劇秦美新〉亦曾有「體製靡密，辭貫圓通」（〈封禪〉）之評，故知「圓通」可兼指內容或形式的圓備通達，姑不論此一詞彙與佛學義理之間的關聯，更重要的是怎樣的文章內容方可謂圓備通達？日人興膳宏以為「圓通」即「圓滿的完全性」或「理論的一貫性」[19]。可見恪守「研精一理」精神的論理之文，集中於某一論點，進行全面考量，詳加闡論，並使所論首尾圓合，脈絡貫通，即接近「圓通」的規準，故內

---

17 紀評見黃叔琳：《文心雕龍輯注‧論說第十八》（臺北：臺灣中華書局），卷四。

18 語見劉熙載：《藝概‧文概》（臺北：漢京文化事業，1985 年 9 月），卷 1，頁 43。

19 見興膳宏：《興膳宏文心雕龍論文集》（濟南：齊魯書社，1984 年），頁 55。

容的圓通也就成為風格表現的要素。再就文辭的表現來看，「枝碎」是章句經營無方所致，在銳精細巧之下，辭理顯得凌亂無章，缺乏統貫之序。論文應以論點、論據為要，當所有材料無法彌縫得體，在尺接寸附的手法之下，易使「辭」與「理」之間發生裂隙，既無法突出論點，也無法達到「心與理合」、「辭共心密」的要求。而欲免除此弊，仍當從「理」與「辭」之整體表達上著手，使言能成理，語各有倫序，此即劉勰所謂「眾理雖繁，而無倒置之乖；羣言雖多，而無棼絲之亂」（〈附會〉）。劉勰在〈宗經〉提到「文能宗經，體有六義」的觀點，其中「義貞而不回」意謂持理之內涵雅正而不枉曲，「體約而不蕪」則謂體製要約而不蕪雜；前者可與「義貴圓通」相應，皆強調內涵之通達，後者則與「辭忌枝碎」相應，著重辭理的倫序，可見劉勰認為宗經之文，可同時有助於內涵與辭理的呈現，是理想風格的最佳範式。

三、《文心雕龍》論體之多元風采

　　風格最能體現作家才性與作品的特徵，雖較為抽象虛渺，有某種程度的不確定感，難以具體並確切評述，然而在文章美感的鑑賞上，仍屬不可或缺的環節。風格體現作家的個性，其顯示了作品的總體風貌與格調，故鑑賞過程，

也當從整體考量，若局限於片段，就難免以偏概全之病[20]，而整體風格的鑑賞，仍應以細微局部為基礎，方得以進觀全局。蔣伯潛《文體論纂要》曾歸結文章風格可分別從具體方面如文辭、筆法、章句形式、格律、境界等，以及聲調、色味、神態、氣象等抽象方面予以辨別[21]，其舉列相當詳晰，可見文章具體或抽象諸要素與風格之間的聯繫，然此較適用於純詩文之賞評，若一一據以析述《文心雕龍》的文章風格，則難免繁複，也未盡切合。且創作多貴變，所謂「文章有多樣，才有變化，有變化才能光景常新，風格獨具」[22]，因此風格的表現也就很難僅就單一角度予以詮評。劉勰曾提出「立文之道，其理有三」，係從整體、多元角度來看文章的文采表現，他說：

> 一曰形文，五色是也；二曰聲文，五音是也；三曰情文，五性是也。(〈情采〉)

形文與聲文，為文章表現形式的文采，情文則為作者才情格調的展現，這三類文采的表現形態，涵括「義」與「辭」，當可作為風格鑑賞的切入點。誠如朱榮智所云：「形文與聲文，是屬於文章的技巧；情文是屬於作者的生命才調。

20　參見姜岱東：《文學風格概論》（濟南：山東教育出版社，1996 年 3 月），頁 143。

21　詳參蔣伯潛：《文體論纂要》（臺北：正中書局，1959 年台一版），19-20 章，頁 201-218。

22　引見王師更生：《重修增訂文心雕龍導讀》（臺北：華正書局，1993 年 7 月），頁 55。

作品的風格,是緣於這兩方面的結合。」[23]聶石樵也謂《文心雕龍》:「其敷藻能將形文、聲文、情文三者融匯無間,形成統一的優美風格。」[24]故本節也嘗試以此三項文采為基準,檢視《文心雕龍》在文辭經營、音律調協、情志表現上的風格特色,期能窺見其論體之文的多元風采。

(一) 形文之剛柔與雅麗

小從字句的斟酌,大至篇章的經營,寫作手法的濃淡巧拙,都是構成形文的一部分。散與駢為文章主要組成形態,體製雖異,但其實本非對立,正如清孫德謙所謂:

> 駢體之中,使無散行,則其氣不能疏逸,而敘事亦不清晰。駢文之中,苟無散句,則意理不顯。[25]

可見散體顯然較駢體更宜於敘事表意。從文氣表現來看,散體文句錯落,注重自然氣韻,追求文氣壯盛,而駢體則務求文句整練,氣韻曼妙,情致顯得婉約[26],其間區別則

---

23 引見朱榮智:《文氣與文章創作關係研究》(臺北:師大書苑,1988年3月),第五章〈文氣與文章風格〉,頁154。

24 引見聶石樵:《魏晉南北朝文學史》(北京:中華書局,2007年11月),頁439。

25 引見孫德謙:《六朝麗指》(臺北:新興書局,1963年11月),頁37、50。

26 如張仁青謂:「散文主文氣旺盛,則言無不達,辭無不舉。駢文主氣韻曼妙,則情致婉約,搖曳生姿。」見張氏:《中國駢文析論》(臺北:東昇出版事業,1980年10月),頁27。

如孫德謙以為：

> 文氣貴分清濁，尤宜識陰陽之變，近世古文家，其
> 論文氣也，有陽剛陰柔之說，立論最確當不易。以
> 吾言之，六朝駢文即氣之陰柔者也。……六朝文體
> 蓋得乎陰柔之妙矣。[27]

此本姚鼐所謂剛柔之說，指出駢文偏於陰柔風格。劉勰謂：
「情理設位，文采行乎其中。剛柔以立本，變通以趨時」，
（〈鎔裁〉）又謂：「剛柔雖殊，必隨時而適用」，（〈定
勢〉）指出作家才性氣質之剛柔確立作品文采表現之基調，
但仍應隨實際狀況變通，而這正是作品「體變遷貿」（〈神
思〉）的要因。姚鼐以為天地間陰陽二端，「糅而偏勝可
也，偏勝之極，一有一絕無，與夫剛不足為剛，柔不足為
柔者，皆不可以言文」（〈復魯絜非書〉），又以為「陰
陽剛柔並行而不容偏廢」（〈海愚詩鈔序〉），可見陰陽
相反相成，對立卻統一的關係，亦適用於文章之理。是故
行文中將散駢交互參雜，蓋即「隨時而適用」，避免「偏
勝之極」，也是剛柔相濟的一種創作表現。[28]《文心雕龍》

---

27 引見孫德謙：《六朝麗指》（臺北：新興書局，1963 年 11 月），頁
14-15。

28 如曾祖蔭概括陽剛之美與陰柔之美兩種風格典型時有謂：「這兩種
美固然有所偏重，可是卻又互相滲透，而形成一種剛柔相濟之美。」
見曾氏：《中國古代文藝美學範疇》（臺北：文津出版社，1987 年
8 月），頁 373。

行文以駢儷為主，其措辭求美的意向相當明顯，但劉勰也配合論理之實際需要，適時參用單行散句作為調節，使篇製在「迭用奇偶，節以雜佩」（〈麗辭〉）中，無呆板單調之病而有錯綜變化之妙。茲舉《文心雕龍》文句為例，如〈事類〉篇中一段：（加底線者為駢句）

> 夫經典沈深，載籍浩瀚，實群言之奧區，而才思之神皋也。揚班以下，莫不取資，<u>任力耕耨，縱意漁獵</u>，操刀能割，必裂膏腴。是以將贍才力，務在博見，<u>狐腋非一皮能溫，雞蹠必數千而飽矣</u>。是以<u>綜學在博，取事貴約，校練務精，捃理須覈</u>，<u>眾美輻輳，表裏發揮</u>。劉劭趙都賦云：「<u>公子之客，叱勁楚令歃盟；管庫隸臣，呵強秦使鼓缶</u>。」用事如斯，可稱理得而義要矣。故事得其要，雖小成績，譬<u>寸轄制輪，尺樞運關也</u>。或微言美事，置於閑散，是<u>綴金翠於足脛，靚粉黛於胸臆也</u>。

此段中「經典沈深」與「載籍浩瀚」兩句、「群言之奧區」與「才思之神皋」兩句、「任力耕耨」與「縱意漁獵」兩句、「狐腋」與「雞蹠」兩句，均單句相對；其後「綜學在博」等連用四句排偶，「眾美輻輳，表裏發揮」又為一組駢句；接著舉劉劭趙都賦中兩則典實為例，亦用雙句對；最後「寸轄制輪」兩句、「綴金翠」兩句，則皆取譬為對。可見駢句為主要句型，在一路鋪排之下，頗覺整練，然其

間又雜用若干單行散句作為調節，或開啟下文，或承上收束，或作一般敘述，因而使整練中也有錯落之感。本段在奇偶交互之間，文意承接順當暢達，句型也顯得靈活有變化。關於這樣的體勢，清包世臣指出：

> 討論體勢，奇偶為先，凝重多出於偶，流美多出於奇。體雖駢，必有奇以振其氣；勢雖散，必有偶以植其骨，儀厥錯綜，致為微妙。[29]

可知駢散錯綜，使剛柔交替，凝重與流美兼具，如此有氣有骨，文勢自能超逸不凡。故清劉開所謂《文心雕龍》有「馳騁之勢」[30]，大體正緣於此。

另外，劉勰秉持情采並重的文學觀，認為作品之內容與形式應兼顧，而其審美極致的代表，則首推經典。在劉勰眼中，經典是聖人以絕佳創作力，在雅正的思想規準之下追求華麗的成品，所謂「聖文之雅麗，固銜華而佩實者也」（〈徵聖〉），為內涵之「雅」與形式之「麗」的完美結合體，故能成為「雕琢其章，彬彬君子」（〈情采〉）的典型。因而「雅麗」，不僅是劉勰評價作品的標準，也

---

29 見包世臣：《藝舟雙楫‧文譜》（臺北：臺灣商務印書館，國學基本叢書），頁 1。

30 劉開云：「以駢儷之言，而有馳騁之勢，含飛動之采，極瓌瑋之觀，其惟劉彥和乎！」見《劉孟塗駢體文‧卷二‧書文心雕龍後》，引自楊明照：《增訂文心雕龍校注‧下‧品評第二》，頁 653。

自然成為他自己經營辭章所追求的理想風格。在六朝唯美的文風之下，追求「麗」已是普遍創作現象，但要兼顧「雅」，則必須對辭采有所節制，以免「采濫辭詭」（〈情采〉）而流為「淫麗」。因此，劉勰以「稟經以製式，酌雅以富言」（〈宗經〉）為創作理念的宗經觀，必然影響其文章風格的呈現，所謂「模經為式者，自入典雅之懿。」（〈定勢〉）劉勰在〈體性〉篇中歸納文章風格類型時，將「典雅」列為八體之首，並定義云：「典雅者，鎔式經誥，方軌儒門者也。」可見典雅一格主要以宗尚儒學經典為思想基礎，但若加以推衍，則如黃季剛所云：「義歸正直，辭取雅馴，皆入此類。」[31]王師更生亦謂：

> 因其鎔鑄經典，取法訓誥，納軌範於儒家的門牆，所以思想上必須義理正大，形式上必須辭取雅馴。……以典為雅者，善用史事經誥。……彥和以「典雅」連文，則知文之屬於此體者，能融會古人之用心，開拓當前之意境，出絢爛於平淡，化陳腐為神奇。以會通求超勝，以涵泳為創新。[32]

可知從事義與文辭兩方面，正足以檢視《文心雕龍》論體

---

31 引見黃侃：《文心雕龍札記・體性第二十七》（臺北：文史哲出版社，1973 年 6 月），頁 98。

32 引見王師更生：〈劉勰的風格論〉，《文心雕龍新論》（臺北：文史哲出版社，1991 年 5 月），頁 59。

的典雅風格。

　　先從事義方面說明。為文必有中心思想，這中心思想會影響材料的揀擇，而所選用材料的取向則易造成作風的殊異，三者之間的關聯性其實相當密切。劉勰《文心雕龍》以「敷讚聖旨」、「益後生之慮」（〈序志〉）為著書旨意，因此在「鎔鑄經典之範」（〈風骨〉）的創作理念下，立意取材大致切合經典雅正之風。就實際行文現象來看，或時見援引經典文句以資佐證者，如〈徵聖〉云：

　　　　是以論文必徵於聖，窺聖必宗於經，《易》稱：「辨物正言，斷辭則備。」《書》云：「辭尚體要，不惟好異。」

即引《周易・繫辭》、《尚書・畢命》之文句，揭陳為文當徵聖宗經之理。又〈程器〉開篇：「周書論士，方之梓材，蓋貴器用而兼文采也。」藉《尚書・周書》之語，引出文行並重之理。或有鎔鑄經典語句以裨益行文者，如〈麗辭〉追溯麗辭之發展源流云：

　　　　唐虞之世，辭未極文，而皋陶贊云：「罪疑惟輕，功疑惟重。」益陳謨云：「滿招損，謙受益。」豈營麗辭，率然對爾。易之文繫，聖人之妙思也。序乾四德，則句句相銜；龍虎類感，則字字相儷；乾坤易簡，則宛轉相承；日月往來，則隔行懸和：雖句字

> 或殊，而偶意一也。至於詩人偶章，大夫聯辭，奇
> 偶適變，不勞經營。

首先從唐堯虞舜之世談起，然後引據《尚書‧大禹謨》所載皋陶語「罪疑惟輕，功疑惟重。」以及益之贊語云：「滿招損，謙受益。」說明早期著作中之對偶文句，並非刻意經營，而是「率然對爾」；另「序乾四德」、「龍虎類感」、「乾坤易簡」、「日月往來」等，則分別就《周易‧乾卦‧文言》、《周易‧繫辭》中取例，列舉對偶之各種句式；最後就《詩經》、《左傳》、《國語》等書中詩人、大夫之偶章聯辭現象，歸納出對偶之產生實為循順自然，隨機應變的文學觀點。段中取例皆出自《書》、《易》、《詩》等經典，剪裁以鑄新意的功力極強，且其論述有理有據，表達精覈圓密，確為徵聖立言的雅正精神典型。又例如〈物色〉云：「皎日嘒星，一言窮理；參差沃若，兩字連形。」即從《詩經‧王風‧大車》「有如皦日」、《詩經‧召南‧小星》「嘒彼小星」、《詩經‧周南‧關雎》「參差荇菜」、《詩經‧衛風‧氓》「桑之未落，其葉沃若」等文句中取用詞彙，以歸結圖貌寫物的原則，其化用無跡，卻字字有來歷。其他據事類義、援古證今之例尚眾，茲不詳舉，然從而可見用典確有藉「摭拾鴻采來造成文章典雅的風格」[33]

---

33 參見黃永武：《字句鍛鍊法》（臺北：洪範書店，1986 年 1 月），「怎樣使文句華美 —— 用典」，頁 82-83。

的效果。另外，或有根據經典體要進行論評者，如對於四
言及五言詩之體製，歸結云：

> 四言正體，則雅潤為本；五言流調，則清麗居宗，
> 華實異用，惟才所安。故平子得其雅，叔夜含其潤，
> 茂先凝其清，景陽振其麗；兼善則子建仲宣，偏美
> 則太沖公幹。（〈明詩〉）

此以「正體」與「流調」對比，反映出「模經為式者，自
入典雅之懿」方為正統的一種審美觀，而以「雅」、「潤」、
「清」、「麗」分評諸作家主要風格，並確指其中「兼善」
與「偏美」者，評斷語意堅確，具有相當程度的概括性及
權威性，可顯見其以經典體要為主導的文學識見。

　　再從文辭方面來看。劉勰曾謂：「史論序注，則師範
於覈要」（〈定勢〉），可知論之行文詞彙應以精確扼要
為基本原則。《文心雕龍》練字務求雅達，造句則力避冗
贅，因此文章除了精確扼要，「忌枝碎」之外，也頗覺典
雅凝鍊。關於字句之錘鍊，劉師培以為：

> 欲求文潔，宜先謀句勁。造句從穩字入手，力屏浮
> 濫漂滑，由穩定再加錘鍊，則自然可得勁句。句勁
> 文潔，光彩自彰。[34]

---

34 引見劉師培：《漢魏六朝專家文研究》（臺北：臺灣中華書局，1982
年 3 月），頁 56。

可見字句的錘鍊選用對於文章風格所造成之影響。從《文心雕龍》幾則遣辭用字實例來看：

> 漢初詞人，循流而作，陸賈扣其端，賈誼振其緒，枚馬播其風，王揚騁其勢。(〈詮賦〉)

> 金錫以喻明德，珪璋以譬秀民，螟蛉以類教誨，蜩螗以寫號呼，澣衣以擬心憂，卷席以方志固。(〈比興〉)

> 爰至有漢，運接燔書，……自獻帝播遷，文學蓬轉，……詩必柱下之旨歸，賦乃漆園之義疏。(〈時序〉)

第一例列舉了漢初辭賦大家，劉勰用「扣」、「振」、「播」、「騁」等動詞概括其功，與「端」、「緒」、「風」、「勢」等詞搭配成句，點出諸家在賦體發展歷史上啟引開端、振奮緒業、傳播風氣及馳騁機勢的貢獻與地位，詮衡裁量之用字相當精確，語意也雅鍊扼要。第二例列舉了《詩經》中使用的「比義」實例，各句所用「喻」、「譬」、「類」、「寫」、「擬」、「方」六字，其實皆與比擬之意義近同，然不但能完全迴避重出，而且搭配賅當，毫無勉強拘牽之感，充分體現其酌字鍊句的絕妙功力。第三例中分別以「燔書」代稱秦代、「蓬轉」喻指文人流徙漂泊、「柱下」代

指老子、「漆園」代指莊子等，運用借代喻指之法，不以通用語彙逕稱，頗有求典雅、避凡俗的效果。由此可見劉勰對於字句的錘鍊相當講究，或用字扼要，或避字重出，或取代通俗，字字皆經反覆推敲，鍊字則字少而意足，此實有裨於行文之雅馴富贍。

綜上所述，《文心雕龍》在事義與文辭表達上，力求典雅，與其駢體求美之華麗本色相搭配，正能形成雅麗之風，所以王運熙謂：

> 《文心雕龍》全書語言優美，富有文學性，可說就是實踐了他的主張，風格雅麗的一部創作。[35]

可見劉勰行文結合雅麗的修辭表現，與他所秉持的創作理念能相互照應。

（二）聲文之錯綜與婉轉

劉勰謂「形立則文生，聲發則章成」（〈原道〉），可見形與聲是文章必然具備的文采元素，隋陸法言也說：「凡有文藻，即須明聲韻。」[36]注重聲律表現是駢儷文的重要特點，《文心雕龍》當然也不會忽略。《文心雕龍》

---

35 引見王運熙：〈文心雕龍的宗旨、結構與基本思想〉，收錄於《文心雕龍研究論文選》（濟南：齊魯書社，1988 年 1 月），頁 254。

36 見〈切韻序〉，附於《宋本廣韻》（臺北：黎明文化事業，1976 年 9 月），頁 13。

雖未像標準駢儷講究嚴格精細的平仄規律，要求字字精工，也不如一般散文的靈活自由，然仍於行文之際，以暢論文理為要，秉持「音以律文」（〈聲律〉）之則，使抑揚抗墜自然合節。與六朝駢儷相較，《文心雕龍》之聲文表現顯然自具風貌，獨樹一格。劉勰謂：「聲畫妍蚩，寄在吟詠，滋味流於下句，風力窮於和韻。」（〈聲律〉）可知要賞評聲文之表現，當透過吟味諷詠，而吟詠之際，最能直接感受到句型和協韻所帶來的文章風采。以下即試從句型與協韻兩方面進一步說明。

在句型方面，《文心雕龍》奇偶迭用、駢散並行的行文特點，使文氣靈活暢達，此已於前述及；而《文心雕龍》句式以四言、六言為基調，又適時參入五言、七言等雜言句型，避免百句不遷所造成的單調昏沈之感，如此不但符合「四字密而不促，六字裕而非緩。或變之以三五，蓋應機之權節也」（〈章句〉）的組句原則，也是使聲文在和諧中帶有錯綜之感的調節手法。如〈論說〉其中一段：

> 暨戰國爭雄，辨士雲湧；從橫參謀，長短角勢；轉丸騁其巧辭，飛鉗伏其精術；一人之辨，重於九鼎之寶，三寸之舌，強於百萬之師；六印磊落以佩，五都隱賑而封。至漢定秦楚，辨士弭節，酈君既斃於齊鑊，蒯子幾入乎漢鼎；雖復陸賈籍甚，張釋傅會，杜欽文辨，樓護脣舌，頡頏萬乘之階，牴戲公卿之席，並順風以託勢，莫能逆波而泝洄矣。

此段大致以連續的對偶句式組成，首先是「四─四」之對，接著為「六─六」之對，再來是「四六─四六」之雙句對，然後為「六─六」、「七─七」之對，最後在四言排比、六言對、五言對中結束上文。全段除起首「暨戰國爭雄」兩句以及中間「至漢定秦楚」兩句作為過渡未對之外，其餘句句成對，相當工整典麗，雖無散句錯雜其中，但以句型的變化作為調節，或四言、六言的單句對，或是四六間隔作對，或五、七言交雜，在多樣組合中，變化有致，避免了連續對偶所易產生的呆板之感。另外，句中音節的參差，也可發揮調節辭氣的作用，如〈通變〉之首段：

> 夫設文之體有常，變文之數無方，何以明其然耶？凡詩賦書記，名理相因，此有常之體也；文辭氣力，通變則久，此無方之數也。名理有常，體必資於故實；通變無方，數必酌於新聲：故能騁無窮之路，飲不竭之源。然綆短者銜渴，足疲者輟塗，非文理之數盡，乃通變之術疏耳。故論文之方，譬諸草木，根幹麗土而同性，臭味晞陽而異品矣。

段中先後以「六─六」、「四四六─四四六」、「四六─四六」、「五─五」、「六─六」、「七─七」等對偶句式組成，相當靈活多變。五言句中，節奏或為「一、四」，如「騁／無窮之路，飲／不竭之源」，或為「三、二」，如「綆短者／銜渴，足疲者／輟塗」；六言句中，節奏或

為「四、二」，如「設文之體／有常，變文之數／無方」，
或為「一、三、二」，如「體／必資於／故實」、「數／
必酌於／新聲」，或為「一、四、一」，如「非／文理之
數／盡，乃／通變之術／疏」。關於此，穆克宏指出：「這
些句子字數相同，而節奏不同，交錯使用，形成一種節奏
之美。」[37]從而可見節奏形式配合句型調節，或作奇頓，
或為偶頓，文章讀來參差有節，頗具錯落的韻律感。

　　在協韻方面，《文心雕龍》正文並不用韻，然繫於各
篇之末的四言贊語，則完全為字數固定、句式整齊的韻文，
頗近似「論文之詩」。文章論理於前，贊語宣誦於後；前
為主體，後為附屬；前無韻，後有韻；前為駢散合轍，後
為四言之體。這樣駢、散、韻共袂一體的設計，體製和諧
而聲情婉轉，自能構成琅琅可誦的篇製。

　　《文心雕龍》各篇贊語均由四言八句之體式組成，偶
數句句尾用韻，故有四處韻腳，其韻腳若依六朝當時用韻
狀況來看，大致呈現出一韻到底或協韻通押的情形[38]。這
隔句用韻、一韻到底的體式，正具有往而復返、迴環相應
的效果，此即劉勰所謂「盤桓乎數韻之辭」（〈頌贊〉），
既能免除句句用韻的拘牽迫促之感，又不致產生兩韻輒易

---

37 引見穆克宏：〈談《文心雕龍》的表現形式的特點〉，《文心雕龍研
　　究》（廈門：鷺江出版社，2002 年 8 月），頁 202。

38 有關各篇贊語韻部的分析，請詳參韓耀隆：〈文心雕龍五十篇贊語
　　用韻考〉，《文心雕龍研究論文集》（臺北：淡江文理學院中文研究
　　室，1970 年），頁 33-70。

的「微躁」之病，屬於較為均勻合度的用韻方式。劉勰說：
「同聲相應謂之韻。」（〈聲律〉）朱光潛以為韻的最大
功用在「把渙散的聲音聯絡貫串起來，成為一個完整的曲
調。」[39]點出用韻可將聲音聯貫，使篇製產生前後應和的
效果。茲舉最受學者注目，也最常受到好評的〈物色〉一
篇的贊語為例綜合說明：

> 山沓水匝，樹雜雲合。目既往還，心亦吐納。
> 春日遲遲，秋風颯颯。情往似贈，興來如答。

此贊以「合」、「納」、「颯」、「答」四字為韻，均屬
《廣韻》入聲第二十七合韻。首聯以「山」、「水」、「樹」、
「雲」來代表自然景物，描摹出一幅詩情畫意，令人陶醉
的美景。人流連於其中，觸景生情，所謂「情以物遷，辭
以情發」，因此在欣賞之餘，訴諸吟詠，形之文辭，此即
次聯所云：「目既往還，心亦吐納。」第三聯「春日遲遲，
秋風颯颯」，言季節更迭，「物色」之感動人心；末聯「情
往似贈，興來如答」，則喻示作家之情與自然之景間情往
興來、互相贈答的寫作時的微妙歷程。整則贊語，自然成
對，文辭優美，意境高雅，在情景交融間，闡發了物色對
於作家的影響，所以紀昀曾對此贊給予高度的肯定與讚

---

39 見朱光潛：《詩論》（臺北：漢京文化事業，1982 年 12 月），頁 195。

賞,評曰:「諸贊之中,此為第一。」[40]呂永亦謂:

> 書中 50 篇「結言於四字之句,盤桓乎數韻之辭」的
> 篇末贊語,有不少就是一首音律、辭采與情理完美
> 統一的好詩。[41]

可見這樣的贊語用在論理文章之末,以近似詩的圓潤形
製,迴環的韻律,來回顧正文意旨,完足文勢,可謂音律、
辭采與情理兼備,在理性思辨的智慧之外,讀誦之時,亦
頗能讓人感受到婉轉流暢的詩意風采。[42]王利器曾指出:

> 《文心》的每篇文章連後面的贊語,所運用的語言
> 及句子的結構,基本上是求駢儷聲律之美的。[43]

是知和諧、錯綜而又婉轉的聲文,對於《文心雕龍》論文
風格之呈現,顯然具有一定程度的影響作用。

---

40 見黃叔琳注、紀昀評:《文心雕龍輯注・物色篇》(臺北:臺灣中
   華書局四部備要本),卷十。
41 見呂永:〈文心雕龍的思維方式、結構方式、表述方式〉,《湘潭大
   學學報》(哲學社會科學版),23 卷,1999 年第 2 期,頁 48。
42 如朱清華〈從文心雕龍的贊曰看劉勰對詩經傳統的通變〉文中謂:
   「《文心雕龍》的贊語,以詩歌的文體寫得文采飛揚,寓抽象的論
   理於形象的言語之中,理性思辨詩意化了。」文見《寧夏大學學
   報》(人文社會科學版),第 24 卷,2002 年第 2 期,頁 51。
43 見王利器:《文心雕龍新書・序錄》(臺北:宏業書局)。

（三）情文之蘊藉與穎秀

　　形文與聲文的風格大致可從文辭的表現形式來感知；而情文則必須從內容涵蘊來探索。劉勰謂：「吐納英華，莫非情性」（〈體性〉）可知「情性」常是主導作家作風的關鍵因素。劉勰在南朝「體情之製日疏，逐文之篇愈盛」（〈情采〉）的文風下撰著《文心雕龍》，情性不但是其持以衡量作品優劣的審美標準，也是在樹德建言、敷贊聖旨等內外動機的自我期許，因此劉勰藉《文心雕龍》來寄託真情實感的這一特點，顯然與純粹論理的文章有別，而這也正可作為情文之風的探索起點。所謂：「好的文學作品，具有理想風格的文學作品，必然是真性情，能夠表現真我的作品。」[44]是以從《文心雕龍》字裡行間體會其「散鬱陶，托風采」（〈諸子〉）的情性，當能從「披文入情」過程中，略見其文章風格。

　　《文心雕龍》篇幅多不甚長，但文末常用疑問、反詰或感嘆的方式作結[45]，使文章似終而意仍未止，更具言外之餘韻，例如〈宗經〉文末：

---

44 引見朱榮智：《文氣與文章創作關係研究》（臺北：師大書苑，1988年3月），第五章〈文氣與文章風格〉，頁155。

45 據統計，《文心雕龍》以詰問或感歎語氣作結者，約計二十一篇，這二十一篇為：〈宗經〉、〈頌贊〉、〈祝盟〉、〈銘箴〉、〈諧讔〉、〈史傳〉、〈諸子〉、〈論說〉、〈章表〉、〈議對〉、〈神思〉、〈風骨〉、〈通變〉、〈定勢〉、〈鎔裁〉、〈聲律〉、〈章句〉、〈物色〉、〈才略〉、〈知音〉及〈序志〉等。

> 建言修辭，鮮克宗經，是以楚豔漢侈，流弊不還，
> 正末歸本，不其懿歟！

「楚豔」，係指《楚辭》所呈現的華豔風格；「漢侈」則
是賦中大肆渲染與過度虛飾，所造成盡情驕奢的創作習
氣。文風一旦流於「豔」、「侈」，弊端也將接連叢生，
故此重申「正末歸本」的主張，期能回歸經典雅正之體以
廓清文弊。最後「不其懿歟」四字收束全文，反詰語氣卻
兼有規戒、歎惋之意，流露出劉勰濟世與憂世的情懷。又
如〈定勢〉文末云：

> 舊練之才，則執正以馭奇；新學之銳，則逐奇而失
> 正；勢流不反，則文體遂弊。秉茲情術，可無思邪？

此謂老練的作家，掌握雅正的原則，尚能駕馭文辭，並推
陳出新；而急切於出鋒頭的新銳，則往往只顧追逐新奇，
而漸偏離正道，而文章體式敗壞之勢也如江河日下，一去
不返。因此，深曉文情文術的作家們，面對此一訛勢，又
怎能不詳加思量呢？「可無思邪」，既是劉勰對時人文士
們的衷心呼籲，也頗具對自身責任反思鑑戒之意，筆端蘊
含了無限的互勉之情。

另外，劉勰行文擅於設喻，除了文句因而生動多姿之
外，其借此喻彼的間接手法，也頗有曲達事理，使情思更
顯得婉轉含蓄的作用。黃亦真對此分析云：

使用比喻法，尤其是「借喻法」，能使文章意旨含蓄。
因為借喻法，祇寫「喻依」，不寫「喻體」，本意寄
託於比喻文字中，是不直接表達的。[46]

設喻雖是形文表現中常用的寫作技巧，但將「本意寄託於
比喻文字中」，實有間接傳情敘理表意的效果。以下從幾
則用喻之例來說明：

> 故比類雖繁，以切至為貴，若刻鵠類鶩，則無所取
> 焉。(〈比興〉)

> 若掠人美辭，以為己力，寶玉大弓，終非其有。全
> 寫則揭篋，傍采則探囊，然世遠者太輕，時同者為
> 尤矣。(〈指瑕〉)

> 若夫器分有限，智用無涯，或慚鳧企鶴，瀝辭鐫思；
> 於是精氣內銷，有似尾閭之波；神志外傷，同乎牛
> 山之木。(〈養氣〉)

第一例借「刻鵠類鶩」為喻，來間接指涉不夠切至的比喻
之病；第二例論及為文抄襲剽竊之病，分別徵引《春秋》、

---

46 引見黃亦真：《文心龍比喻技巧研究》（臺北：學海出版社，1991
年 2 月），第五章，頁 180。

《莊子》之典，所謂「寶玉大弓，終非其有」、「揭篋」、「探囊」其實皆「抄襲」之意，但在設喻用典的筆法下，「掠人美辭」之語意便顯得相當委婉而不直接；第三例中，「慚鳧企鶴」化用《莊子・駢拇》「鳧脛雖短，續之則憂；鶴脛雖長，斷之則悲」之典，以喻一般人嫌棄自己才智淺薄，羨慕他人才識高深的心態，因而創作時極力洗鍊文辭，刻畫情思，如此過度消耗精神意志，其結果自如同日夜不停流洩的「尾閭之波」，以及砍伐殆盡的「牛山之木」，不但違反自然之理，而且事倍功半，神疲氣衰，此處連續用借喻、明喻之法，其顯得生動具體，但語氣仍相當婉曲，似隱寓鍼砭時俗文士「爲情而造文」的言外之旨。[47]

以上所述疑問、反詰或感嘆的結尾方式，以及設喻曲達的寫作手法，皆大致顯現了《文心雕龍》情思蘊藉的一面。至於與蘊藉含蓄相對而言的獨拔穎秀之情文風格，則可從劉勰在評斷詮解時的行文特點來觀察。先從〈序志〉來看：

> 及其品評成文，有同乎舊談者，非雷同也，勢自不可異也；有異乎前論者，非苟異也，理自不可同也。

---

[47] 此依據王師更生所云：「我們細繹篇中，一則曰鑽礪過分，再則曰爭光鬻采，三則曰慚鳧企鶴，四則曰瀝辭鎔思，其鍼砭當世文士，苦思求工，以鬻聲名，釣利祿之意，更見諸文辭之外。對為文造情的作者而言，不啻是一記當頭棒喝啊！」參見《文心雕龍讀本・養氣第四十二・解題》（臺北：文史哲出版社，1985 年 4 月），下冊，頁 232。

> 同之與異，不屑古今，擘肌分理，唯務折衷。按轡
> 文雅之場，環絡藻繪之府，亦幾乎備矣。

此處劉勰自述《文心雕龍》一書取材的基本態度，他不刻
意求新，也不隨聲附和，異同取捨之間，全憑「折衷」之
理，不以古今為斷，故態度顯得相當平允客觀。因此，劉
勰認為只要掌握《文心雕龍》一書，便足以在文場筆苑上
縱橫馳騁，「亦幾乎備矣」一語，當是對自己著書的自信
與自負，故紀昀謂：「結處自負不淺。」[48]可見劉勰對於
《文心雕龍》之論有高度的信心，然這自信並不意味咄咄
逼人的滔滔雄辯，而是經過審慎分析考量之後的理性思
辯，這也是「論」之精神的展現。進一步而言，在《文心
雕龍》中，劉勰持論以「彌綸群言」、「唯務折衷」為基
礎，行文時見穎絕特出的論文觀點，尤其篇中的警語秀句
更常是畫龍點睛之筆，具有陸機〈文賦〉所謂「立片言而
居要」的效果。劉勰謂：「秀也者，篇中之獨拔者也。」
（〈隱秀〉）精心鍛鑄、獨創秀拔之語句，一方面可振舉
文意，煥發論旨，另也當有展現特識，自求樹立的企圖。
如下列所選錄的各篇中重要論點及名言佳句：

> 論文必徵於聖，窺聖必宗於經。（〈徵聖〉）

---

48 紀評見黃叔琳：《文心雕龍輯注・序志第五十》（臺北：臺灣中華
　書局），卷十。

　　宋初文詠，…情<u>必</u>極貌以寫物，辭<u>必</u>窮力而追新，
此近世之所競也。(〈明詩〉)

　　情以物興，故義<u>必</u>明雅；物以情觀，故詞<u>必</u>巧麗。(〈詮
賦〉)

　　立誠在肅，修辭<u>必</u>甘。(〈祝盟〉)

　　凡說之樞要，<u>必</u>使時利而義貞，進有契於成務，退
無阻於榮身。(〈論說〉)

　　臨篇綴慮，<u>必</u>有二患：理鬱者苦貧，辭溺者傷亂。(〈神
思〉)

　　童子雕琢，<u>必</u>先雅製，沿根討葉，思轉自圓。(〈體
性〉)練於骨者，析辭<u>必</u>精；深乎風者，述情<u>必</u>顯。
(〈風骨〉)

　　繁采寡情，味之<u>必</u>厭。(〈情采〉贊)

　　<u>必</u>使理圓事密，聯璧其章，迭用奇偶，節以雜佩。(〈麗
辭〉)

　　才為盟主，學為輔佐，主佐合德，文采<u>必</u>霸。(〈事
類〉)

　　才童學文，宜正體製，<u>必</u>以情志為神明，事義為骨
髓，辭采為肌膚，宮商為聲氣。(〈附會〉)

　　擒文<u>必</u>在緯軍國，負重<u>必</u>在任棟梁。(〈程器〉)

　　類似的精言要句，《文心雕龍》各篇頗不少見。上列各句
或屬對工整，或設喻精切；或揭舉思想樞紐，或概括文體
特色，或歸結寫作要點，或表達文學理念，其用語凝鍊，
思理清晰，筆力不凡，尤其諸句中均用表肯定論斷之「必」

字（此行文之例其實相當眾多，此不一一徧舉），綴用在篇製行文之中，可使文章語意顯得更為堅定強勁，此不但充分展現劉勰對自己論點的自信，也頗具權威感，因而多成為後世文家學者口誦心儀的不刊格言。所謂「理形於言，敘理成論」（〈論說〉贊），劉勰在彌綸與博觀的基礎上，把文章基本原理深化為「籠罩群言」的文論，除了發前人未言或未及言，透闢獨到，充分發揮論體「師心獨見，鋒穎精密」之長，而其真知灼見，亦可謂是「思合自逢」、「才情之嘉會」（〈隱秀〉）下之碩果，從此正可見其論體風格中獨拔穎秀的一面。

四、《文心雕龍》論體風格之時代意義與成就

風格是作家成熟作風的展現[49]，也是區己別異的重要因素，而文體風格的建立，則是文學發展成熟的必然結果。劉勰執文學之筆，一面建構完密的風格理論，另一方面也在寫作上嘗試具體實踐，因此《文心雕龍》所樹立的作風，所呈現的獨特風采，自與他人他書有別。曾國藩嘗謂：「凡大家名家之作，必有一種面貌，一種神態，與他人迴不相

---

49 如王之望以為：「風格成熟的首要標誌，是它的獨特性。作家由於各自的精神個體性的獨特性，在對象化、客觀化過程中，必然產生出獨特的色澤、情調、識度、韻味和旋律的產品。」見王氏：《文學風格論》（臺北：學海出版社，2004 年 5 月），第六章，頁 119-120。

同。……若非其貌其神迥絕群倫，不足以當大家之目。」[50]
《文心雕龍》流傳一千五百餘年，所以能迥絕群倫，劉勰
能成為文論中的大家名家，自與風格之建樹有關聯性。故
以上述論體風格之表現為基礎，可進而歸結其時代意義與
成就主要有三：

　　第一，以雅麗之風實踐宗經的審美理想。宗經是貫串
《文心雕龍》全書的重要文學觀，其目的不在於守舊復古，
而在於「參古定法」（〈通變〉），為日趨「采濫辭詭」
的文風求得新的生機。故所謂：「聖文之雅麗，固銜華而
佩實者也」（〈徵聖〉），或者「經典沈深，載籍浩瀚，
實群言之奧區，而才思之神皋也」（〈事類〉），可說是
相當具有針對性的文學觀點。劉勰認為「雅麗」是理想文
章的風格境界，也是美感的極致，因而創作力主宗經。是
故在創作上若奉「稟經以製式，酌雅以富言」為準則，不
但將如「即山而鑄銅，煮海而為鹽」（〈宗經〉），有取
用不竭的效益，更有樹立正則、導正務華棄實之文風的作
用。從實際行文上來看，劉勰一方面盡致發揮南朝駢儷的
美文特點，追求形製之精致巧麗，一方面仍處處秉持「鎔
式經誥」的精神，以情緯文，堅守典雅之風，因此其文章
在麗而不靡，雅而能博的作風下，能「雅」「麗」共存，
和諧而不衝突。故學者謂：

---

50 引見《曾文正公家訓·諭紀澤·同治五年十月十一日》（臺南：大
　　東書局，1964 年），頁 51。

> 劉勰駢文在詞色上主要是特色是精美巧麗，同時又
> 沒有華而不實之弊。既講究文采，用心修飾；又不
> 過於雕琢，因詞害義，真正達到了文質彬彬的境
> 界。[51]

可見情采相濟、文質彬彬的文章創作實績，無異是對宗經
之審美理想的奉行實踐。

　　第二，以風格之多元區別南朝綺麗文風。六朝文壇駢
儷風行，詩文辭賦、章表奏啟、史傳書牘等各體文章，皆
沾染了纖巧駢儷之氣。劉勰身處其中，亦採行駢儷時文之
體從事論文之作。他承續了傳統詩文中駢偶表現手法的優
點，並施展才學，使《文心雕龍》全書諸篇，能於當時「錯
金鏤采」、「雕繢滿眼」[52]的風習中，獨樹一幟。于景祥
從駢文的角度看待此一成就，並指出：

> 從風格上看，由於體制上的創新，特別是駢散結合
> 方法的大量運用，所以《文心雕龍》便呈現出流利
> 暢達、靈活多變、運用自如的特色，總體上已經不
> 同於六朝駢儷的風貌。……行文上毫無拘促滯澀之
> 弊，舒卷自如，並沒有六朝駢體常見的雕琢堆砌、

---

51 引見于景祥、陸雅慧：〈劉勰在駢文創作上的傑出成就〉，《社會科
　學輯刊》2000 年 4 期（總 129），頁 138。
52 兩用語分別出自沈約：《宋書‧顏延之傳》及鍾嶸：《詩品‧序》。

呆板滯澀之病。[53]

特別是在文氣上,《文心雕龍》雖然以駢體行文,但是卻氣勢洞達,從容舒暢,如行雲流水般輕快自如。[54]

此處所謂「流利暢達」、「從容舒暢」,看來是一般散體文章的特點,畢竟駢儷文一般易受對偶、聲律、用典等多重限制,較顯得拘促滯澀,因而未必皆宜於析事論理,然劉勰以駢儷從事,力圖突破束縛,故「在論理析事上深切明著,細致精微,反覆曲暢,鞭辟入裡,完全克服了駢體文中常見的滯澀不暢之弊,言隨意遣,無不如意」[55],追求論體之表達效果,因而在文氣上呈現氣勢條暢、流利自如的風貌,這是對駢體行文限制的一種突破。誠如學者所謂:

優秀作家的風格不會是平板單調,往往會色彩繽紛,絢麗多姿,具有極大的豐富性。這種豐富性是

---

53 引見于景祥:〈文心雕龍以駢體論文是非辨〉,《文心雕龍的駢文理論與實踐》(北京:中華書局,2017年12月),頁42。

54 引見于景祥:《文心雕龍的駢文理論與實踐》,第三章「文心雕龍在駢文史上的地位」,頁280。

55 引見于景祥、陸雅慧:〈劉勰在駢文創作上的傑出成就〉,《社會科學輯刊》2000年4期(總129),頁139。

風格的多側面性的表現。[56]

是以如前節所述形文之剛柔與雅麗、聲文之錯綜與婉轉，以及情文之蘊藉與穎秀，即可見《文心雕龍》其書形聲情文兼具且多側面性之一斑。明原一魁推讚為「六朝之高品」[57]，清劉開則指出：

> 自永嘉以降，文格漸弱，體密而近縟，言麗而鬥新；藻繪沸騰，朱紫夸耀，蟲小而多異響，木弱而有繁枝；理詘於辭，文滅其質。求其是非不謬，華實並隆，以駢儷之言，而有馳騁之勢，含飛動之采，極環瑋之觀，其惟劉彥和乎！[58]

可知在纖靡繁麗的文風趨勢下，《文心雕龍》獨具「華實並隆」，以及「馳騁之勢」、「飛動之采」、「瑰瑋之觀」等不同的風貌特點。故所謂「獨照之匠，自成一家」[59]之譽，不僅是對其理論體系成就之標榜，對其驚采絕艷之論

56　引見姜岱東：《文學風格概論》（濟南：山東教育出版社，1996 年 3 月），頁 24。

57　語見〈兩京遺編後序〉，引自楊明照：《增訂文心雕龍校注・下・品評第二》，頁 646。

58　引見《劉孟塗駢體文・卷二・書文心雕龍後》，引自楊明照：《增訂文心雕龍校注・下・品評第二》，頁 653。

59　語見譚獻：《復堂日記》，引自楊明照：《增訂文心雕龍校注・下・品評第二》，頁 657。

體風貌而言，這樣的肯定也相當切合實情。

　　第三，以風格實踐照應論體之文體寫作原則。《文心雕龍》不僅在理論層面提出合理具體的寫作理則，在行文風格上也力求實踐照應。就以劉勰所設定的論體寫作原理與寫作特色來看，《文心雕龍》各篇章大多首尾圓合，前後照應，脈絡貫通，彌縫無隙，完全符合圓備通達之「圓通」精神；又劉勰為使敘議周延，窮本竟源，旁搜博采，可見其「彌綸群言」之功；而擘肌分理，理論之針對性強，可見其「研精一理」之旨；至於所論或破或立，皆秉「辨正然否」之旨，力求獨出己裁，每能發前人未言或未及言，故多透闢精審，可見其「師心獨見，鋒穎精密」之長。《文心雕龍》將「論」體特質發揮得透徹盡致，故篇篇均可獨當一面，成為優秀的單篇專論，合而總觀，則是陶冶萬彙、組織千秋的煌煌論著。其論體之寫作風格與寫作要求照應相當緊密，由此可見，劉勰提出的理論，也多能自我落實，並非脫離實際、空談高論者，故其不僅是理論家、批評家，還是個身體力行的實踐家。[60]

五、結　語

　　「論」本身作用在於析事論理，並提出可信論點，而

60　參見蔡師宗陽：〈由劉勰六觀析論文心雕龍〉，《文心雕龍探賾》（臺北：文史哲出版社，2001 年 2 月），頁 221。

不在追求文采和藝術表現，然「論」要使理與辭契合無間，以發揮析理精微、以理服人的效果，則必然自我樹立，展現堅定立場，這自然也就形成了與眾不同的特色，所謂論體的風格正得力於此。

《文心雕龍》久享文論經典之譽，在體系結構、思理或文采等方面，均有卓絕成就，然若著眼於其文章風格的表出，當可發現其書另一面向的獨特性。故本文從形文、聲文與情文三項文采作為立論之基礎，檢視《文心雕龍》在文辭經營、音律調協、情志表現上的特色，如形文之剛柔與雅麗、聲文之錯綜與婉轉，以及情文之蘊藉與穎秀等，雖僅從局部舉例，然而由小見大，見微知著，可從中略窺其論體之文所呈現的多元風采。

《文心雕龍‧知音》謂：「文情難鑒，誰曰易分」，作品的風格也確屬「難鑒」之情，又筆者目前對於《文心雕龍》行文風格的體會仍相當有限，闡析或許未能明確盡致，是故本篇之作，尚屬初探性質，用意在拋磚引玉，引發更多後續的深探，以期能在當前《文心雕龍》研究的進展上略盡一己棉薄之力。

伍、依情待實，述志爲本

——論《文心雕龍》之「情文」

一、前　言

　　文學的創作與文學的理論，兩者在思維導向、構成性質，乃至表現形式皆不一致。創作著重在用靈活的想像力、鮮明的意象，書寫豐富的情思；而文學理論則必須運用清晰的概念與嚴謹的邏輯，來建構論述的系統。但中國古代文論的型態，常有文學化的傾向，或藉美文來暢談理論，或在詩性中進行批評[1]，使得理論也多少帶著些文學的美感。如〈文賦〉以賦體論創作，《文心雕龍》用駢體論文學，正是以創作之筆來書寫文論的發展脈絡中的佼佼者。從今日眼光來看，《文心雕龍》誠然並非純粹的文學創作，但全書各篇在劉勰精心揮灑的巧筆下，立論深邃周密，文

1　如李建中主編之《中國古代文論》一書中便指出中國古代文論有「批評文體的文學化」、「話語方式的詩意性」、「文論範疇的經驗歸納性質」等特徵，見《中國古代文論》（武漢：華中師範大學出版社，2002 年），頁 12-18。

辭淵懿雅麗，頗具「批評文藝」[2]之姿。甚至學者也以為若將《文心雕龍》一書，視為劉勰之文學作品[3]，亦實不為過。歷來學者談及《文心雕龍》的文章成就，或云：「文藻翩翩」[4]，係就文采而言；或評：「議論精鑿」[5]，乃著眼於論理特質；其書的確在理論高度與文采上，享有千秋盛名。然若作進一步思考，《文心雕龍》的文采是否皆屬於辭章等形式層面的？其理性取向的論理篇章，是否皆因恪守冷眼客觀精神而少具情性、感性？若確認書中所流露出劉勰的個人情志，是構成文采的一部分，那麼探索情文的意義何在？此即本文所關注討論並欲予以釐清的課題。故本論文擬先由《文心雕龍》情文的性質、情文的探索前提出發，再分從著作使命與濟世襟懷、寄深寫送的理想與憂慮、為文甘苦的粹煉與分享等方面，探索劉勰在《文心雕龍》中的情文，以及所表現的內心世界，從而略見其人其書的人文精神與理想，期能在《文心雕龍》的「形式文采」外，

---

2 如沈謙即謂：「以俳偶文體從事專門論述，是一本膾炙人口的『批評文藝』傑作。」見〈文心雕龍評述〉，《幼獅月刊》40卷1期(1974年7月)，頁11。

3 如劉永濟謂：「其自著書仍用駢體，而能運用自如，條達通明，能以瑰麗之詞，發抒深湛之理。然則《文心》一書，即彥和之文學作品矣。」見《文心雕龍校釋·前言》(臺北：華正書局，1981年)，頁2。

4 語見胡維新：《兩京遺編·序》，引自楊明照：《增訂文心雕龍校注·下·品評第二》(北京：中華書局，2000年)，頁646。

5 語見胡應麟：《詩藪·內編·古體中》，引自楊明照：《增訂文心雕龍校注·下·品評第二》，頁647。

也綜理出一條「內容文采」的脈絡，為所謂「立文之道」加上詮釋的註腳，另也可藉以證驗劉勰情采並重之論在《文心雕龍》書中的具體實踐。

二、《文心雕龍》情文的性質

　　以《文心雕龍》一書的性質來看，旨在「言為文之用心」，全書五十篇合則一體，分則各自獨立，如同五十篇首尾完整之文學專題論文。關於「論」之體，陸機認為應「精微而朗暢」（〈文賦〉），顯然重在義理的明暢通達；劉勰則更針對其體製特性與寫作要點指出：

> 論之為體，所以辨正然否，窮於有數，追於無形，鑽堅求通，鉤深取極，乃百慮之筌蹄，萬事之權衡也。故義貴圓通，辭忌枝碎，必使心與理合，彌縫莫見其隙；辭共心密，敵人不知所乘，斯其要也。（〈論說〉）

可知論體旨在辨正事理，文辭與文義講求絕對的圓備周密，情性似非其必要成分。然而進一步推究，所謂「辯麗本於情性」（〈情采〉），作者的情性若無豐厚內涵，不夠懇切真至，那麼無論他如何能言善道，其作品的語言也

很難煥發出真正的姿采。[6]因此能成為古今文學佳篇者,仍不免透過以情緯文、情理交融的手法,打動人心。「五性發而為辭章」(〈情采〉),內在情感的抒發,實為一切創作的原動力,論文亦不例外。

劉勰身處駢儷辭采文風最為盛行的南朝,對當時作品普遍存在繁采寡情、言與志反之弊深感憂心,故在論評文學時不再僅專注於辭采之美,反而認為情應先於采,相當重視雅麗兼備、銜華佩實之作,而這一文章理念,也成為《文心雕龍》文論體系上的一項特點。從劉勰對文論體系的設計,便可看出他對文質並重觀念的強調。一方面他不但在談及諸多創作形式技巧之前,先專設〈情采〉之篇,以倡論作品「因情敷采」[7]之理;另一方面他提出〈原道〉、〈徵聖〉、〈宗經〉等「文之樞紐」,作為全書思想及文學觀點的主導[8],使全書之理能夠文質兼備,不致為華辭所掩;而且「情」字在《文心雕龍》中也頻頻出現,此皆表

---

6 如童慶炳詮釋「鉛黛所以飾容,而盼倩生於淑姿」句意時也謂:「如果人的情性,本身沒有內涵,不夠豐厚,不夠活躍,不夠真實,那麼無論怎樣能說會道,他的語言也不會有文采的。」見童著〈文心雕龍情經辭緯說〉,收錄於《中國古代文論的現代意義》(北京:北京師範大學出版社,2001 年),第七章,頁 218。

7 紀昀評云:「因情敷采,故曰情采。」見黃叔琳:《文心雕龍輯注·情采第三十一》(臺北:臺灣中華書局),卷六。

8 如郭紹虞云:「文心雕龍中如〈麗辭〉、〈鍊字〉諸篇,雖強調形文,〈聲律篇〉雖強調聲文,但如〈原道〉、〈徵聖〉、〈宗經〉以及〈情采〉諸篇,都是強調情文。」見《中國文學批評史》(臺北:藍燈文化事業,1992 年),頁 55。

現了劉勰論文重「情」的思想傾向。其實劉勰論「情」，多兼及「志」[9]，如「志足而言文，情信而辭巧」（〈徵聖〉）、「情動而言形，理發而文見」（〈體性〉）、「情者文之經，辭者理之緯」（〈情采〉）、「情志為神明」（〈附會〉）、「辭以情發」（〈物色〉），諸句中「情」與「辭」對稱，或者「情」與「理」、「志」並舉，可知「情」既指情理思想，也指作者感情。辭章由藝術的心靈孕育而成[10]，故「情文」乃「情性的自然流露與表現」的一種特質[11]。更明確地說，「情文」除了承載深厚豐實的思想之外，還包含了個人情性的流露與表達[12]，是以作品實質內容為主導構成的整體藝術美感。

　　所謂「修辭立其誠」（《周易‧乾‧文言》），文章倘能書寫真情實性，更能發揮撼動人心的力量。不過，感情的興發與理性思維的表述畢竟有所不同。因此，說《文

---

9 六朝以後文論家所謂志，多兼指情，如〈文賦〉：「詩緣情而綺靡。」李善注云：「詩以言志，故緣情也。」又孔穎達《左傳正義》云：「在己為情，情動為志，情志一也。」請詳參陳昌明：《緣情文學觀》（臺北：臺灣書店，1999 年），第三章，頁 73-111。

10 參金民那《文心雕龍的美學》（臺北：文史出版社，1993 年），第三章，頁 74。

11 同上註，頁 75。

12 如洪順隆謂：「一篇散文的藝術形象是由作品所寫客觀事物形象和作者在作品中表現出來的自我形象交融而　成的。自我形象則是作者對主題的認識、感情、態度、傾向的特徵表現或流露的總和。」見洪著《歷代文選——閱讀鑑賞習作‧序編》（臺北：五南圖書出版公司，1998 年），頁 15。

心雕龍》書中具有「情文」，並不意味劉勰在評論時，一任偏私喜好，或投注過多的個人情思；其情文之表現，也並非雄壯激越的豪情，或者婉約綺靡之柔情；而是基於文化學術識見，秉持「述志為本」之則，在筆端表達襟懷、暢敘理想，或者分享經驗時所呈現的真情實感。姚永樸嘗謂：

> 能自樹立，其性情乃可著之天下後世。
> 苟不能見其性情，雖有文章，偽焉而已。[13]

由此來看，《文心雕龍》一書，正是劉勰自求樹立、寄託真實性情的一部文論著作。故亦有學者指出：

> 《文心雕龍》一書，與此前之文論著作若曹丕〈論文〉、陸機〈文賦〉、摯虞《文章流別論》、李充《翰林論》的不同點之一，就是在論文敘筆、剖情析采之中，含有充分的自我投入，流露出劉勰自身的理想與情志。這，有時表白以鮮明的章句，有時側附於隱約的言辭。[14]

---

13 以上見姚永樸《文學研究法‧性情》（臺北：廣文書局，1981 年），卷 3，頁 1。
14 引見陳復興：〈《文心雕龍‧論說篇》探蘊〉，收於《古代文學理論研究》二十一輯（上海：華東師範大學出版社，2003 年 12 月），頁 94。

可見《文心雕龍》所謂「文果載心」，其書除了承載體大
慮周的理論主張外，尚有豐富深邃的「情文」可資翫繹探
索，著眼於此，當可「以意逆志，得作者用心所在」[15]，
透顯《文心雕龍》志深筆長的另一側面。

三、情文探索的理據與前提

劉勰云：「無識之物，鬱然有采；有心之器，其無文
歟？」（〈原道〉）天地萬物均有自然生成的文采，人情
動於中，外顯形諸文辭，成為文章，故文章即是人所煥發
的文采。蕭子顯云：「文章者，蓋情性之風標，神明之律
呂也。蘊思含毫，遊心內運；放言落紙，氣韻天成。」[16]意
謂作品為作家秉性懷靈，抒發個人情性的一種表現，而作
品的氣韻風貌，也受作家的個性主導而定。「聖賢書辭，
總稱文章，非采而何」（〈情采〉），揭明凡是文章必然
蘊有文采。可見「文章」一詞，本身即具有審美的意涵。
是故「綜述性靈」、「敷寫器象」時，自能展現「彪炳」
之「縟采」。

作品的文采，不僅是外在可觀的文辭藻采而已，劉勰
以為文采所涵括的意義，應該更為廣泛。「心生而言立，
言立而文明。」（〈原道〉）亦即人的情志心聲（心），

---

15 語本清包世臣：《藝舟雙楫・敘》，引自楊明照：《增訂文心雕龍校
    注・下・品評第二》，頁 655。
16 見《南齊書・文學傳論》。

抒發為文章（言），並同時呈現文采（文）。他進一步提
出三種層面的文采表現形態：

> 立文之道，其理有三：一曰形文，五色是也；二曰
> 聲文，五音是也；三曰情文，五性是也。（〈情采〉）

形文用豐富的辭采怡人之目，聲文藉調和的音律悅人之
耳，情文則以真實的情志感人之心。三者是樹立文采的必
備條件，自然也成為檢視作品藝術特質時，不可或缺的重
要面向。童慶炳也提出情感「文采化」的概念：

> 劉勰用「情采」二字作篇名，就含有將情感轉化為
> 言辭、形式的意思。……劉勰在強調「情真」的條
> 件下，還是要求「辭」應有「采」，即應有「文采」，
> 劉勰最後的結論是「言以文遠」，這就是說，情感不
> 但要形式化，而且也要文采化。[17]

是故能文質並重、情采並茂者，方為理想之文。其中形文
與聲文較為具體，可由作品外在形貌觀察得知，然而情文
則多屬「文外之重旨」，蘊藉於字裏行間，如同「曲意密
源」，虛渺難鑒，未必可以即見即得，所謂「文情難鑒，

---

17 引見童慶炳：〈文心雕龍情經辭緯說〉，收於《中國古代文論的現
　　代意義》（北京：北京師範大學出版社，2001年），第七章，頁224。

誰曰易分」（〈知音〉）。而在揣度之間，亦難免以文害辭或過度臆斷之病。儘管如此，讀者對於作者情意的探索，甚或作者意圖的重建，一直以來就是文學讀解與詮釋上的重大課題。不過，在難以完全精確掌握的情況下，若能循著一定脈絡探求，亦可能體現作者的部分心靈與情實。關於此，古今亦有不少學理可作為參證的前提。唯就其中尤要者概述如下：

（一）從傳統觀念著眼：「以意逆志」與「知人論世」說

中國傳統所謂「詩言志」、「詩言意」以及「在心為志，發言為詩」[18]等說法，不但點出詩之起源，也說明詩（作品）是展現作者思想感情的載體。然而時空或者心理認知的差距，在原意與讀意兩者之間，便不免發生斷裂甚或誤解的情形，因此孟子指出：「說詩者不以文害辭，不以辭害志，以意逆志，是為得之。」（《孟子・萬章上》）「以文害辭」指一種摘句斷章，割裂取義的讀詩方式，「以辭害志」是將篇章辭意誤當作者本意，而「以意逆志」則免於兩失，可作為說解的原則。此說其後也廣獲推闡實踐，成為一種具有普遍性的讀解要領。歷來對「以意逆志」之意涵，理解並不一致，如漢趙歧《孟子注疏》云：「意，

---

18 《尚書・堯典》云：「詩言志，歌永言」；《史記・五帝本紀》云：「詩言意」；〈毛詩序〉：「詩者，志之所之也，在心為志，發言為詩。」

學者之心意也。」「人情不遠,以己之意逆詩人之志,是為得其實矣。」[19]宋朱熹《孟子集注》也云:「當以己意迎取作者之志,乃可得之。」[20]兩說將「意」視為讀解者之意,或對於作者之意的推測,大抵為多數學者採納;另或有將「意」視為作者之意者,如清吳淇《六朝選詩定論緣起》云:「以古人之意求古人之志,乃就詩論詩。」[21]有關於「意」、「志」、「逆」定義的紛歧,在此為免生枝節,暫不詳予考證。僅就文學閱讀的歷程與要素來看,將「意」視為讀解主體之意,「志」為讀解之目標對象,「逆」為進行理解的方式,則文學讀解活動可看成是「解讀之『意』與解讀對象之『志』通過『逆』的方式相互交融而形成新的意義的過程。」[22]因此,讀者可設身處地,根據讀解的目標,將己意推擴延伸,進而揣度作者內在情志與創作意圖。

然而在揣度作者創作意圖的同時,也不可忽略作者的身世經歷與時空背景。此即孟子所謂的「知人論世」。孟子云:「頌其詩,讀其書,不知其人,可乎?是以論其世也,是尚友也。」(《孟子・萬章上》)畢竟作品是作者

---

19 見《孟子注疏》(臺北:藍燈文化事業),十三經注疏本,卷九上,頁164下。

20 見《四書集註・孟子集註》(臺北:學海書局),卷五,頁328。

21 《六朝選詩定論緣起》卷一「以意逆志」節,引自郭紹虞:《中國歷代文學論著精選》(臺北:華正書局,1991年),上冊,頁15。

22 參龍協濤:《文學閱讀學》(北京:北京大學出版社,2004年),第十一章,頁290。

情志具體化的表徵，而時空環境常是影響作者之志的重要因素，任何創作很難完全不受當時外在環境制約。故所謂「知人」，旨在於了解作者的心理、人格特質、性情、修養等，而「論世」則是從外緣（如時代風潮、社會現象）去理解促成作者上述特質的客觀因素。因此「由世知人」、「由文逆志」，就成了傳統以來，欲瞭解文人內心世界，與古人相尚為友的重要法則。

（二）從《文心雕龍》理論討求：「沿波討源」與「翫繹方美」說

〈徵聖〉云：「夫子文章，可得而聞，則聖人之情，見乎辭矣」，便指出情與辭之間的密切聯繫。作者「情動而辭發」，透過文辭形式來傳達內心的情感，唯「文情難鑒」，故劉勰以為在讀者主觀意識之外，可從表現的形式著眼，提出「將閱文情，先標六觀」（〈知音〉）之說，作為深入文章情實的具體策略。這「六觀」包括「觀位體」、「觀置辭」、「觀通變」、「觀奇正」、「觀事義」及「觀宮商」，這六項正可作為「沿波討源」的依據與進路，從而「披文入情」，化幽微為顯明，探求作品底蘊，掌握作者用意。其實，亦可視作「以意逆志」說的延展與創新。[23]

更進一步來說，「波」指作品的形式要素，「源」是

---

23 參郭鵬：《文心雕龍的文學理論和歷史淵源》（濟南：齊魯書社，2004 年），第三章第二節，頁 252。

作品所含蘊的內在美[24]，「六觀」則是從文章形貌入手，自表及裏，由末而本，由顯而隱，由具象而抽象，呈顯作品藝術成就，乃至作家才學性情的有效策略。例如由文章的布局體製，可以探知作者心思的縝密程度；由用字遣辭，可以窺得作者的文采；由通變精神，可以考察作者是否善繼善述，具有推陳出新的能力；由行文語態，可以檢視作者的創作品味；由用事取材，可以判斷作者才學是否豐贍，足以取精用弘；由聲律音節，可以感受作者追求文字聲情的審美理想。充分運用這六觀，不但使鑑賞的觀照面向更為寬廣周全，不致「銳精細巧」而失全貌，另外，顯然也可有助於作品情文深層意義之探索。

文本是創作主體傳達內在情志的媒介，亦是與讀者之間互動的橋樑，其中深邃婉曲的情文，可從表面形式入手，藉「沿波討源」的途徑，以達成「披文入情」的目標，而讀者在披文入情的過程中，感知了作者的心意，從而也為作品賦予了意義和美感。劉勰曾云：「書亦國華，翫繹方美」（〈知音〉），便強調了接受者的主體性及主導地位，亦即經過欣賞者主動去感受、玩味和理解，作品才能顯現美感。

以讀解的過程來說，「六觀」當在前，可建立讀解的基礎；「翫繹」則在後，有助進一步涵咏作品的深層意味。

---

24 此處「波」與「源」之意涵，參吳聖昔：《劉勰文學思想建構與精髓》（臺北：貫雅文化，1992 年），第七〈文學批評篇〉，頁 286。

以讀解的取向來看，「六觀」較偏於形貌特質的分析，「飲繹」則較重於內涵情意的體悟。兩者皆是讀解中的特定階段，能促動讀者與作者情意的交流，達到文學鑑賞的目標。

　　綜上所述，不論是「以意逆志」的過程，或者「沿波討源」、「飲繹方美」的方法，都可見文學作品除了需要作者的創作，尚待讀者的積極參與，才能賦予更為豐富的意義。因此所謂：「作者用一致之思，讀者各以其情自得」[25]，或者「文字之佳勝，正貴讀者之自得」[26]等看法，便說明了讀者或接受者在文學讀解活動中的作用，而有了讀解，則使創作過程更為完整。而作品的情理透過異代知音的傳達、再創造，亦得以呈現多元的風貌。而這正可作為吾人探索《文心雕龍》書中情文的前提。

四、述先哲誥，益後生慮
──《文心雕龍》的著作使命與濟世襟懷

　　〈序志〉是《文心雕龍》的總序，從題名正可看出是劉勰自敘其情志的專篇。篇中劉勰自述其撰作《文心雕龍》的動機，其中尤為特別的，是他在七歲時「夢彩雲若錦，則攀而採之」，以及逾立之年「夜夢執丹漆之禮器，隨仲

---

25 語見王夫之：《薑齋詩話》卷上，引自丁福保：《清詩話》（上海：上海古籍出版社，1965 年），頁 3。

26 語見章學誠著、葉瑛校注：《文史通義校注‧文理》（臺北：里仁書局，1984 年），上冊，頁 287。

尼而南行」的兩個夢境，前者無異是他自幼才華天縱、以能文之才自許的象徵[27]；後者則透露出他對孔子深為崇敬仰慕之情，並暗示日後將稟承聖訓，宣揚儒學於南土[28]。夢境的真假，他人並無從加以證驗；劉勰既自述感夢經驗，當然也無需否定。無論如何，自敘夢境所透顯的，既是劉勰因對孔子之學日思夜想而心儀嚮往的象徵，也是他日後決心搦筆和墨，善用天賦文才，撰寫《文心雕龍》的一大因緣。劉勰原來也想推本經籍，仿效東漢馬融、鄭玄等一代經學大儒，以注經之業來「敷讚聖旨」，但又鑑於諸儒對於經書奧義之詁訓既詳且精，就算有再深入的見解，恐怕也難以凌越，所以才決定另闢蹊徑，從與經典相關的「文章」入手。因此文章寫作之業，便成了劉勰讚聖述經的目標，同時也是他通經致用使命之寄託。用行舍藏、兼濟天下是儒家聖哲所抱持的人生觀[29]，也是傳統士人根深蒂固的入世致用理想，正如劉勰在〈程器〉所說：「安有丈夫學文而不達於政事哉」、「摛文必在緯軍國」，可看出他深受儒家聖訓啟發，故《文心雕龍》在書成並受到沈約「深

---

27 參王師更生：〈文心雕龍文原論〉，《文心雕龍研究》（臺北：文史哲出版社，1989 年增訂三版），第七章，頁 281。

28 參見周勛初：〈劉勰的兩個夢〉，《魏晉南北朝文學論叢》（南京：江蘇古籍出版社，1999 年），頁 167。

29 如《論語・述而》：「子謂顏淵曰：用之則行，舍之則藏，唯我與爾有是夫！」《孟子・盡心上》：「古之人，得志，澤加於民；不得志，脩身見於世。窮則獨善其身，達則兼善天下。」

得文理」[30]之稱許後，劉勰便得以踏入仕途，展開他「達於政事」的生涯。姑不論劉勰究竟有無藉《文心雕龍》來問鼎政事功名之動機[31]，至少可見他透過撰著來「述先哲之誥」，進而「益後生之慮」，這一使命與懷抱是極為明確的。

　　「述先哲之誥」，是劉勰以儒家思想為出發點，發願追隨孔子的人生使命感；而「益後生之慮」的濟世襟懷，則顯然與時代潮流密切相關。以下進一步說明。

　　先從時代文風來說。六朝是儒學衰歇、玄佛並興的時代，同時也是中國文學史上的「自覺」時代。文士一方面尋虛逐微，一方面又競相標新立異，務華而棄實，以致文風有「趨末棄本，率多浮豔」[32]的不良趨向，這對傳統以來，文章重道、傳道，以及文章謹守益於風軌勸戒的要求，確為一大挑戰。劉勰生當文風漸靡之際，對此趨勢即深表不敢苟同之意，曾批評云：

　　　去聖久遠，文體解散，辭人愛奇，言貴浮詭，飾羽
　　　尚畫，文繡鞶悅，離本彌甚，將遂訛濫。(〈序志〉)

---

30 沈約語本《梁書‧劉勰傳》。

31 如王利器云：「劉彥和之所以要走當時盛貴沈約的路子，無非是想要達到他向上爬的幻想而已。」見《文心雕　龍新書‧序錄》（臺北：宏業書局，1983 年），頁 3。

32 見顏之推：《顏氏家訓‧文章第九》。

指出他身處的南朝文壇,在唯美求新、言貴浮詭的風尚浸
染下,不但失去自然本色,且漸背離經典,滋生訛濫之弊。
具體而言,如針對宋初山水文學興盛,所造成「巧構形似」
[33]的創作風氣,劉勰指出:

> 宋初文詠,體有因革,莊老告退,而山水方滋,儷
> 采百字之偶,爭價一句之奇,情必極貌以寫物,辭
> 必窮力而追新,此近世之所競也。(〈明詩〉)

> 自近代以來,文貴形似,窺情風景之上,鑽貌草木
> 之中。吟詠所發,志惟深遠,體物為妙,功在密附。
> (〈物色〉)

前者說明在山水文學風氣籠罩下,描繪山水景物的作品,
內容上窮形盡相,細膩逼真,形式上竭力修飾,工巧新奇。
後者意謂作家對風景草木形象的刻畫,特別重視形似。劉
勰對山水文學在物色描摹的「密附」之功雖然肯定,但窮
力極貌的結果,不免造成追新競奇之弊,故在文中屢加指
陳,期能引起讀者留意。另外,劉勰又指出當時創作有故
作詭巧的習氣:

> 自近代辭人,率好詭巧,原其為體,訛勢所變,厭

---

33 語本鍾嶸《詩品》卷上對張協之評語。

黷舊式，故穿鑿取新，察其訛意，似難而實無他術
也，反正而已。故文反正為乏，辭反正為奇。效奇
之法，必顛倒文句，上字而抑下，中辭而出外，回
互不常，則新色耳。（〈定勢〉）

文人輕視舊有的文章體式，故意標新立異，違逆常態，顛
倒句法，以造成詭異奇巧、引人側目的效果。例如江淹〈恨
賦〉：「孤臣危涕，孽子墜心。」〈別賦〉：「意奪神駭，
心折骨驚。」鮑照〈石帆銘〉：「君子彼想。」便刻意將
原本「墜涕」、「危心」、「心驚骨折」、「想彼君子」
之語序顛倒，以形成詭句。劉勰所指，蓋即此種創作習氣。
再就魏晉以降「賦」體的演變情形來看，「俳賦」、「小
賦」相當盛行，內容上或抒個人感懷，或吟詠日用器物，
甚或細描閨思怨情，其新變風貌頗異於漢賦；諸如江淹〈燈
賦〉、沈約〈麗人賦〉、蕭衍〈圍棋賦〉、蕭綱〈鴛鴦賦〉、
蕭繹〈蕩婦秋思賦〉、〈對燭賦〉等，巧麗可觀，卻不免
缺乏深刻的生活內涵，甚至在競奇爭豔的風氣下，導致「淫
辭害義，觀戒莫聞」[34]之病。劉勰眼見賦家對「情」與「物」
認知偏失的趨勢，作品又普遍存在「繁華損枝，膏腴害骨」、
「無實風軌，莫益勸戒」（〈詮賦〉）的病態，故倡言「立
賦之大體」。〈詮賦〉云：

---

34 見范文瀾：《文心雕龍注‧詮賦篇》（臺北：宏業書局），注 35，頁
154。

> 情以物興，故義必明雅；物以情觀，故詞必巧麗。
> 麗詞雅義，符采相勝，如組織之品朱紫，畫繪之差
> 玄黃，文雖雜而有質，色雖糅而有儀，此立賦之大
> 體也。

情因物起興，物中寄託情，賦家覩物興情，從事創作時，
既要具備巧妙絢麗的詞采，也要表現明潔典雅的文義，掌
握「情」「物」兼備、「義」「詞」並具之則，作品便能
如美玉一般，質地紋理相得益彰。這情采並重之論，除了
是劉勰一貫的創作理想外，也正可作為補偏救弊的良方，
對於賦體書寫而言，突顯了導正的深意。紀昀對此評曰：
「舍人洞見癥結，針對當時以發藥。」[35]可謂透見其本心。

　　再就當時的論文成果來看。已傳世可見之著作雖多，
但仍僅顧及文學原理的局部，缺乏全面性、系統性的觀照，
如他批評魏文帝曹丕〈典論論文〉「密而不周」、陳思王
曹植〈與楊德祖書〉「辯而不當」、應瑒《文質論》「華
而疏略」、陸機〈文賦〉「巧而碎亂」、摯虞《文章流別
論》「精而少功」、李充〈翰林論〉「淺而寡要」；其他
如桓譚、劉楨、應楨、陸雲等文家有關論文著作，皆有「各
照隅隙，鮮觀衢路」的偏失，甚至有「未能振葉以尋根，
觀瀾而索源」（〈序志〉）的遺憾。可見當時論著顯然存

---

35 紀評見黃叔琳：《文心雕龍輯注‧詮賦第八》（臺北：臺灣中華書
　　局），卷二。

在著失之偏頗與言談無根的重大缺陷，更遑論能發揮「彌綸群言」、正面指導創作的影響力。

　　有感於時代文風的諸多偏失，以及指導論著的匱乏，劉勰濟世之心油然而生。他除了以敷讚聖旨為懷，以糾偏去弊、力挽狂瀾為己任，也決心「振葉以尋根，觀瀾而索源」，從追溯文章的源頭根本——經典入手，並力倡宗經正本之論，主張由經典出發去衡文、論文，期能回歸經典雅潔之體，以矯正趨新訛濫的文風。而「矯訛翻淺，還宗經誥」（〈通變〉）便是劉勰為糾正文人偏態，使之知所效法，得其典範所提出的主張口號。在行文之際，時可見劉勰用反詰語以加強聲情，以寄託慨歎，令人觀其辭，亦能想見其情。如〈宗經〉文末云：

　　　楚豔漢侈，流弊不還，正末歸本，不其懿歟！

「楚豔」，係指《楚辭》華豔的作品風格；「漢侈」則是賦中大肆渲染與過度虛飾，所造成盡情驕奢的創作習氣。文風一有「豔」、「侈」之勢，流弊必然將接踵而至，故此提出「正末歸本」的主張，期能用經典雅正之體以挽救時弊。而「不其懿歟」四字收束全文，反詰兼歎惋，流露出劉勰的憂世情懷。又〈定勢〉：

　　　舊練之才，則執正以馭奇；新學之銳，則逐奇而失正；勢流不反，則文體遂弊。秉茲情術，可無思邪？

意謂老練的文士，尚能掌握雅正的原則，以控馭新奇的文辭；而初學急於出鋒頭的作家，往往只顧追逐新奇，而漸偏離正道，其勢如江河日下，一去不返，遂使文章體式敗壞。因此，深曉文情文術的作家們，面對此一訛勢，又怎能不細加思量呢？「可無思邪」，既是劉勰對文士們的呼籲，也頗有對自身責任反思之意，筆端蘊含無限的互勉之情。

　　在危機的時代裡，劉勰苦心孤詣，於洞察時勢、指陳批判之餘，也秉持以文學濟世的精神，針對現實，屢次揭舉正言讜論，提出合理可行的法則，作為診治文病的藥方。學者所謂：「寫作主體不僅要真實地反映世界，還要主動地去影響世界。要通過自己的美感信息的表達去解決問題和正確地提出問題。」[36]劉勰正是這樣一位反映時代、想要影響時代，並極力設法去解決問題的文學思想家，頗有「文章合為時而著」的創作精神；而其所述之「志」，則深具文學發展現實的針對性，並非妄發空言，如劉永濟謂：

> 舍人懼斯文之日靡，攄孤懷而著書，其識度閎闊如此，故其所論，千載猶新，實乃藝苑之通才，非止當時之藥石也。[37]

---

36 語見張紅雨：《寫作美學》（高雄：麗文文化事業，1996年），第二章，頁151。

37 見劉永濟：《文心雕龍校釋‧序志第五十》（臺北：華正書局），頁192。

此正指出他欲以文學濟世的不凡識度與襟懷。

五、文果載心，余心有寄
——《文心雕龍》送懷千載的理想與憂慮

　　劉勰決意撰著《文心雕龍》，固然與秉承經典聖訓、匡濟時代文風之使命感有關，而其欲藉「論著表述和傳播自己心聲（包括才智抱負以及對文學的思考）、以及「對文學理論的卓越貢獻實現不朽的自我價值」[38]，更是在文學自覺潮流中所產生的內在驅力。此可由兩方面觀察推知：一方面由人生的理想來看，劉勰曾明確表達自己欲藉著「智術」、「制作」，以超越「形甚草木之脆」之有限物質生命的想法，如：

> 百姓之群居，苦紛雜而莫顯；君子之處世，疾名德之不章。唯英才特達，則炳曜垂文，騰其姓氏，懸諸日月焉。（〈諸子〉）

> 夫宇宙綿邈，黎獻紛雜，拔萃出類，智術而已。歲月飄忽，性靈不居，騰聲飛實，制作而已。……是以君子處世，樹德建言，豈好辯哉，不得已也。（〈序志〉）

---

38 見涂光社：《劉勰及其文心雕龍》（瀋陽：春風文藝出版社，1999年），第五〈追求不朽的劉勰〉，頁95。

立言創作顯然為達到「拔萃出類」、「騰聲飛實」，並超
越有限形體生命的有效手段。可見「炳曜垂文」、「樹德
建言」便成為劉勰在逾立之年時，欲藉以立身行道，成就
金石名聲的深切期許。袁濟喜指出：

> 將人生短暫與宇宙大化中的恐懼感與藝術作品的創
> 造結合起來，使藝術作品成為延伸生命意識的途
> 徑。[39]

創作成為「不朽之盛事」（〈典論論文〉），不但是文學
意識覺醒的一個表徵，也可用以考察《文心雕龍》的寫作
動機，從而可更深透理解劉勰的內心世界。另一方面由劉
勰在評論時所展現的態度來看，他對於能跨越時空，具有
永恆價值成就的作品，輒流露推崇稱許的語氣。如：

> 百齡影徂，千載心在。（〈徵聖〉贊）
> 衣被詞人，非一代也。（〈辨騷〉）
> 英華彌縟，萬代永耽。（〈明詩〉贊）
> 標心於萬古之上，而送懷於千載之下，金石靡矣，
> 聲其銷乎！（〈諸子〉）
> 一朝綜文，千年凝錦。（〈才略〉贊）

---

39 見袁濟喜：《六朝美學》（北京：北京大學出版社，1999 年），頁
42。

各文句或謂聖人之身，雖然如影消逝，但其思想精神，卻寄託於文章，歷千載而常存；或以為屈騷之文裨益後世辭賦家，其影響跨越兩漢一代；或推崇文采豐美的優秀詩篇，將為萬代的讀者所愛好；或肯定諸子百家藉著述志傳道，標舉自己衷心的仰望，寄託祈盼的情懷，其美名令譽，歷經萬古千載也不煙消雲散；或稱羨作家之高才，得使優秀作品流傳千年。在在顯現了劉勰對作品能沾溉千載、聲名不朽的高度欣羨與肯定之情。

〈序志〉有云：「茫茫往代，既洗予聞，眇眇來世，倘塵彼觀也。」〈序志〉贊語也說：「傲岸泉石，咀嚼文義。文果載心，余心有寄。」其所謂「載心」，並非「載道」──替聖人設教立說，而是「將辨析文義，推致物理作為人生的寄託，在文章中溶進了自己的苦心孤詣。」[40]由此不但可體察劉勰期藉潛心著述以達「樹德建言」的用心，也可略見劉勰欲從事文學之業以寄託心靈的想法。劉永濟也認為：

> 慨夫性靈不居，思制作以垂世，乃脫去恆蹊，別啟戶牖，專論文章，羽翼經典，其自許之高如此。[41]

---

40 引文見袁濟喜：《六朝美學》（北京：北京大學出版社，1999年），頁43。

41 見劉永濟：《文心雕龍校釋・序志第五十》（臺北：華正書局），頁192。

劉勰以《文心雕龍》來立身揚名的衷心情志由此可知。然而以追求不朽為生命理想，以揚名垂世為人生寄託的劉勰，並非全無憂慮，誠如查屏球所指出：

> 他渴望得到知音的賞識，作為一介寒士，他就是想憑藉自己的博學與才華來步入仕途，實現自己的生存價值，他對知音的渴望正體現了這種急切的心理。[42]

所以當《文心雕龍》書成，雖然劉勰「自重其文」，卻因「未為時流所稱」，便思「欲取定於沈約」[43]，正代表他複雜的心情。因此在面對千載知音難逢的普遍現實之下，劉勰不免頻頻發出深沉憂慮的喟嘆，〈知音〉中可略見一二，如：

> 知音其難哉！音實難知，知實難逢，逢其知音，千載其一乎！……昔〈儲說〉始出，〈子虛〉初成，秦皇漢武，恨不同時，既同時矣，則韓囚而馬輕，豈不明鑒同時之賤哉！……彼實博徒，輕言負誚，況乎文士，可妄談哉！……醬瓿之議，豈多歎哉！

---

42 見查屏球：《從游士到儒士——漢唐士風與文風論稿》（上海：復旦大學出版社，2005 年），頁 213。

43 以上語本《梁書・劉勰傳》。

文中先言知音難遇之慨，後以韓非、司馬相如為例，意在舉證說明貴古賤今實為文壇通病，並且以為「輕言負誚」者，信偽迷真，亦犯文學鑑賞的大忌；末引劉歆憂心揚雄所力撰之《太玄經》卻仍難免遭遇「覆醬瓿」厄運的典實，表示諸多顧慮，其來有自。文中迭用「千載其一乎」、「豈不明鑒同時之賤哉」、「可妄談哉」、「豈多歎哉」等詰問句型，寓慨於問，以「申寫鬱滯」，頗能顯露知音難遇的焦慮心境，這無異是劉勰在欲藉立言著述以揚名後世的期許之外，最為深切又難以言喻的內心隱憂。言為心聲，劉勰為知音難遇而歎，實非徒然。

六、半折心始，用思困神
——《文心雕龍》為文甘苦的粹煉與分享

劉勰提及《文心雕龍》的撰述態度，有云：「品評成文，有同乎舊談者，非雷同也，勢自不可異也；有異乎前論者，非苟異也，理自不可同也。」（〈序志〉）劉勰論文章創作之理亦然，其觀點或與經史典籍相同，或與前賢成說有異，在折衷多方，經融貫會通後，自成新意；其中有許多論點，當是劉勰就自己創作實際體驗、參悟、歸納而得。楊明即以為：「劉勰的論述，主要還是來自寫作實踐（包括他本人的實踐體會），是實際經驗的總結和提

高。」[44]凡此粹煉為文甘苦，直陳分享自身創作經驗的論點，亦可視為真情至性的一種表徵。如〈神思〉言為文運思的狀況時指出：

> 方其搦翰，氣倍辭前，暨乎篇成，半折心始。何則？意翻空而易奇，言徵實而難巧也。是以意授於思，言授於意，密則無際，疏則千里，或理在方寸而求之域表，或義在咫尺而思隔山河。

是說執筆之前，思緒憑空翻騰，因此奇思妙想異常豐富，一旦形諸文字，措辭需要徵實，便難以取巧，這正是造成下筆前後所以發生極大落差的主要原因。「思」、「意」、「言」三者扣合緊密，則可使作品緊實無隙，否則一有疏漏，便相隔千里之遙，其間導致疏漏的根本原因，便在於作者往往捨近求遠，忽略了在方寸之間或近在咫尺的材料和靈感。對此觀點，清黃叔琳評云：「詞人所心苦而口不能言者，被君直指其所以然。」[45]足見劉勰之分析合於為文情理，未有親身體驗者，實在難以說得如此精準深切，令人有先得我心之感。又〈練字〉：

> 善為文者，富於萬篇，貧於一字，一字非少，相避

44　見楊明：《劉勰評傳》（南京：南京大學出版社，2001年），頁240。

45　見黃叔琳：《文心雕龍輯注・神思第二十六》（臺北：臺灣中華書局），卷六。

為難也。

指出善於寫作之人，可以長篇巨製，洋洋灑灑，卻往往可能為了避免重出之病，對一個字的取捨權衡而感到貧乏不已。寥寥數語，可謂道出寫作之甘苦。是故紀昀評云：「『富於』二句，甘苦之言。」[46]蓋由於劉勰有類似的切身體驗，故能把為文需字斟句酌的甘苦，講得如此具體而透闢。另外，劉勰有鑒於創作時過於苦思焦慮者，就猶如「銷鑠精膽，蹙迫和氣，秉牘以驅齡，灑翰以伐性」，難免違背本性常理，故大嘆此「豈聖賢之素心，會文之直理哉？」兩句寓反思於詰問，因而更突顯了保愛精神的必要性，〈養氣〉云：

> 吐納文藝，務在節宣，清和其心，調暢其氣，煩而即捨，勿使壅滯，意得則舒懷以命筆，理伏則投筆以卷懷。

劉勰認為創作固然難免遭遇「為文傷命，用思困神」的苦境，故撰〈養氣〉，其設篇要旨便在於提出「節宣」之法，藉節制調和以保養文氣、涵養文機。這是劉勰藉道家養生之理，發前人所罕言，用以暢談創作的例證。從中亦可逆

---

46 紀氏之評見黃叔琳：《文心雕龍輯注・練字第三十九》（臺北：臺灣中華書局），卷八。

知劉勰在苦思勞神之際，仍不忘對讀者提出由衷的建言。
凡有因創作而苦心傷神之體驗者，對於此說，必深有同感，
頷首稱是。至於〈養氣〉篇中屢次出現「鑽礪過分」、「爭
光鬻采」、「慚鳧企鶴」、「瀝辭鐫思」等極力描繪創作
困苦情境的用語，其可能意涵大致正如王師更生所指：

> 其鍼砭當世文士，苦思求工，以鬻聲名，釣利祿之
> 意，更見諸文辭之外。對「為文造情」的作者而言，
> 不啻是一記當頭棒喝啊！[47]

由此可見，劉勰不僅主張行文應保養神氣，也頗有以正面
的創作心態來諄諄誡示的用意。

　　清代李家瑞以為：「劉彥和著《文心雕龍》，可謂殫
心淬慮，實能道出文人甘苦疾徐之故。」[48]可知劉勰由於
深諳寫作甘苦，故於行文之際，將自身經驗融入，並轉化
建構出創作通則，或可提供作者為文的科律，或可引發讀
者會心的共鳴，在敘事說理的理性智慧中，無疑也點染出
些許誠中形外、融情入理的色彩。

47　見王師更生：《文心雕龍讀本・養氣第四十二題解》（臺北：文史
　　哲出版社，1991 年），頁 232。

48　見李家瑞：《停雲閣詩話》，卷一，引自楊明照：《增訂文心雕龍校
　　注》，附錄「品評第二」，頁 658。

七、結　語

　　劉勰以徵聖宗經觀為思想之主導，在儒家經典聖訓的薰陶下，頗懷有「君子藏器，待時而動」[49]的抱負。他深入思考自己的生命意義，並選擇以文章之業，來達成傳世與濟世的人生目標，對於劉勰而言，著書立說並不全然是求名逐利的工具，反而更是用以寄託人生理想、實踐抱負的憑藉，所以《文心雕龍》雖旨在論文評文，但行文之際卻不免志深筆長，頗有「散鬱陶，託風采」（〈書記〉）的風貌，其中或多或少間接寄寓了劉勰自身不凡的風采與生命情懷。

　　《文心雕龍》之成書，與六朝當時文學背景關係密切，舉凡文風的趨勢、文壇的現象、文論的匱乏，重重憂患引發了劉勰對文學的深沈關懷，也讓他決心聚焦於文章，從事善繼善述之業。這責任感與憂患之情的驅使，是著作的重要動機，也可說是劉勰實踐人文理想的一種表徵。《周易・繫辭》以為「作易者其有憂患乎」，這憂患來自於人的自覺，是「責任感要求自己突破困境，而尚未突破時的心理狀態」，因此轉而對於「自己本身行為的謹慎和努力」[50]。若從憂患意識的產生，可從兩方面來說，一是對

49　語出《文心雕龍・程器》，其蓋本《周易・繫辭下》：「君子藏器於身，待時而動。」

50　參閱王開府：《儒家倫理學析論》（臺北：三民書局，1986 年），第八章第二節〈憂患意識與戒慎以敬〉，頁 235。

自己生命，基於本心良知，所產生的責任感，在反省惕勵時，會產生憂患意識；另一是對天下人的生命，基於本心良知，有一種責任感，在憂民之憂，憂以天下時，也會產生憂患意識。[51]從《周易》的憂患意識，延伸聯繫來看《文心雕龍》的憂患情思，當可更明確看到劉勰文學理論的思想深度與針對性。就自身生命的責任感來說，劉勰欲藉著述，超越「形甚草木之脆」的限制，並達成樹德建言的名山事業，然而卻在異代知音難得的種種顧慮下，產生憂患之情；再就群體生命的責任感來說，劉勰對南朝時代文風「離本彌甚」，甚至「將遂訛濫」的趨勢憂心忡忡，因此他屢屢指陳，不假虛飾，不但把改良文風視為己任，更在反映現實問題，提出針砭的同時，也提出具體懇切的建言。

　　本文由撰著使命、濟世襟懷、人生期許、憂患之情以及自身的為文甘苦等方面，來觀察《文心雕龍》中「情文」的體現，從而可知其書在「述志為本」的理念原則下，面對「志思蓄憤」的文化處境，確屬於「為情造文」、「依情待實」之典型，而其所抒發的情文，不但「具有一種鮮明強烈的人格精神」[52]，為論理的知性文字點染了一些個人情性；另也在憂患之情中，「申寫鬱滯」（〈養氣〉）之際，涵蘊了相當濃厚的文化精神氣息與人文情懷，而這正加深了《文心雕龍》思想的厚實度，使其書非僅為單純

---

51 同上註，頁 238-239。
52 見劉綱紀：《劉勰》（臺北：三民書局，1989 年），頁 61-68。

的文學理論或文學批評專著；而劉勰也非僅文學理論家或文學批評家所能範限，而更可謂為傑出之「文學思想家」[53]。

　　作品的情文是一種含蓄蘊藉的文學表現，而《文心雕龍》文章性質以論理為主，其情性的表達固然非其重心，但也頗耐人尋繹探索。本文嘗試從劉勰所謂「立文之道」來探求其書中的「情文」，除了有「以己論證己文」之意，也期能從別於以往研究的向度，來理解劉勰的人文理想，進入劉勰的精神世界。雖已勉力為之，然或探賾所得有限，或許詮解尚欠周備，而且「思表纖旨，文外曲致」，難以盡述之處必然多有，仍待日後鑽研，潛心領略，方能為劉勰的「為文之用心」做更深入的註腳。

---

53 參王師更生：〈劉勰是個什麼家？〉，《北京大學學報》1996 年第 2 期，頁 82-86。

文心雕龍與後世文論

陸、《六朝麗指》駢文理論與 《文心雕龍》關係之考察

一、前　言

　　劉勰（464-522）懷抱「標心於萬古之上，送懷於千載之下」（《文心雕龍·諸子》）的著述之志而作《文心雕龍》，總結往代昔賢的論文成果，廣泛且系統地關注文章各個層面的問題，無疑為古代文章學論著中的佼佼者，對後世文論發展確實也發揮相當大的啟發與影響力，故享有「作者之章程，藝林之準的」[1]之響；而專從駢體文學的角度來看，《文心雕龍》理論亦具有特殊的學術意義，如駢文史學者認為：

---

1 語見明張之象刻本序，引見楊明照：《增訂文心雕龍校注·下》（北京：中華書局，2000 年 8 月），附錄〈序跋第七〉，頁 958。

其中有許多內容是針對駢文而言的，涉及駢文的起源論、文體論、風格論、作家論、創作方法論及駢文史觀等，幾乎涵蓋了駢文批評的各個方面，不僅對已有的批評觀點作了系統、深入的發展，而且又展開了新的論題，具有明顯的繼往開來之義。……使駢文批評呈現較為清晰的面貌，所以可將《文心雕龍》視為駢文文章學建立的標誌。[2]

可見就駢文批評方面而言，《文心雕龍》繼往開來的理論價值及樹立標誌的學術定位也深受肯定，為後世駢體文學研究提供了深入豐富而有系統的借鑒途徑。

《六朝麗指》則是清末民國時期學者孫德謙（1869－1935）集多年駢文研究心得的「文話」論著，旨在探討並歸結「六朝之閫規密裁」[3]，當代學者以為其書「宛然一部六朝駢文史」[4]，在清末駢文理論批評研究成果中已佔有一席之地。駢文史學者劉麟生（1894－1980）曾推崇「其書抉摘精微，發前人之所未發」[5]，日本學者古田敬一（1921－）也讚譽云：「清朝的六朝文專論書，《六朝麗指》應

2 引見奚彤雲：《中國古代駢文批評史稿》（上海：華東師範大學出版社，2006年10月），頁21。

3 引見《六朝麗指·自序》。

4 引見莫山洪：〈論駢文理論的歷史演進〉，《上饒師範學院學報》24卷2期，2004年2月，頁71。

5 引見劉麟生：《中國駢文史》（臺北：臺灣商務印書館，1990年12月臺六版），頁157。

居首位，其論點的恰切，分析的精細，是沒有超過這本書的」[6]，均對此書獨創性的文論成就持高度肯定態度。然而有一些值得進一步思考的問題，如：理論的進展通常有其脈絡，多半不會前無所承即憑空突然產生，故所謂「精微」、「發人所未發」的獨創性是否有所取資？「論點的恰切」是否承繼發展前人論述成果造就而獲致？《六朝麗指》一書之立論，是如何接受或參據借鑒《文心雕龍》？兩書雖體系、性質各自不同，但其間是否有潛在的學術淵源關係？應如何看待這跨越時代的學術淵源與意義？這些問題仍有待進一步考察。

　　《文心雕龍》及《六朝麗指》兩書相距逾一千四百年，文學發展趨勢與時代思潮雖然迥異，著作的性質、體例及架構也截然不同，理論觀點固然無法充分對應，也較難進行全面性、比較式的探究。然而兩書面對的都是「麗辭之興」的時代，兩人也極為關切六朝駢體文學發展之問題，也都總結了六朝文學的創作經驗及規律，故兩書文論其實存在著相當程度的互應與關聯性，是相當值得釐析探討的學術議題。先從孫德謙論評《文心雕龍》的兩則話語來看：

　　　　《文心》一書，包舉歷代，上自三古，窮源竟委，
　　　　成一家言，真為日月不刊之作。〈時序〉、〈才略〉又

---

6 引見古田敬一著、李淼譯：《中國文學的對句藝術》（臺北：祺齡出版社，1994 年 9 月），第七章〈孫德謙的駢文論〉，頁 495。

能於一篇之中，評其得失，靡不該備。乃一則曰：「閱之於世，故略舉大較。」一則曰：「宋代逸才，辭翰鱗萃，世近易明，無勞甄序。」致使讀六朝文者，無從窺測。雖彥和沒於梁時，而自梁以前，於〈時序〉篇內，亦列宋世文才，要未詳覈也。余嘗引以為憾事。[7]

其古今騶括，體用圓該，東莞《雕龍》，可云殆庶。然宋齊而下，不復詳言，則以世近易明，無勞甄序，六朝盛藻，嗣響尟聞。將師曠知音，且期異代；惠施妙處，未獲傳人，意者豈其然乎？[8]

可顯見孫氏對《文心雕龍》「包舉歷代」、「體用圓該」之理論成就高度推崇，然而孫氏對《文心雕龍》論文止於宋齊、未能詳覈宋世文學，其後又無承緒繼起之作，後學難進窺六朝文之門徑，頗表遺憾，故在認可推讚之餘，也隱約流露出自期能成為劉勰異代知音與傳人之意。這樣引據《文心雕龍》而衍生的評述，似乎正好可作為考察《六朝麗指》與《文心雕龍》文論關係的一個起點。孫德謙在《六朝麗指·自序》曾明確表達麗辭駢體當「上規六朝」

---

7 引見《六朝麗指》（臺北：新興書局影印「四益宧刊本」，1963年11月），頁十七左。本論文引用原文頁數均以此本為據，所標註頁碼為原刊本版心之編碼，並依原包背裝頁面區分右、左。

8 引見《六朝麗指·自序》。

之理論前提，同時亦謂「沿波者討源，理枝者循幹」，為全書立論溯源流、找根據，然此二語即明顯化用了《文心雕龍》「沿波討源，雖幽必顯」（〈知音〉）、「整派者依源，理枝者循幹」（〈附會〉）的文句，孫氏對《文心雕龍》之熟稔與接受情形，於此亦可見一斑。

　　再者，其他學者對此亦略有致意，如馮煦（1842-1927）在為《六朝麗指》作序時指出孫德謙此書不僅「祖子桓之述文，抗士衡之詮賦」，而且「甄綜異同，叶殊徵於吐鳳；掎摭利病，邁絕作於雕龍」[9]，其意即在讚譽《六朝麗指》一書可與曹丕〈典論論文〉、陸機〈文賦〉相提並論，並有超邁《文心雕龍》之特出成就，故足以為「來學之津逮」。據此看來，兩書在文論學術成就上的關鍵性其實頗有類似之處。駢文學者于景祥以為《六朝麗指》一書的理論性質與《文心雕龍》關係密切：

> 《六朝麗指》是孫德謙駢文理論的代表作，是《文心雕龍》之後有關駢文理論批評的力作。本書論述的範圍，從六朝駢文的總體氣韻、風格，到具體的作家作品、形式體制、創作方法等等，勝義頗多。然而認真考究，我們發現其中許多論斷都是以《文

9　引見馮煦《六朝麗指·序》。

心雕龍》為理論支柱的。[10]

明確指出《六朝麗指》以《文心雕龍》為理論支柱，並且
在文中綜合整理「《六朝麗指》徵引《文心雕龍》作為理
論支柱一覽表」[11]，列舉包括：論駢散結合、論駢體與四
六之異、論駢文與賦之關係、論駢文之誇飾、論駢文之事
對、論文章體製、論宋文尚新奇之風、論六朝之山水文、
論六朝駢文與小學、論駢枝、論六朝駢文與魏晉文關係、
論文筆、論論人之文、論遊戲文體、論駢文名稱之始等相
關文句多達十五則，並據以指出：「在這麼多論題上都以
《文心雕龍》為理論支柱，所受影響之大，自不待言。」[12]
其書在此雖然僅採羅列《六朝麗指》原典方式舉證兩書之
間理論的關聯性，未予進一步析論，且就實際關聯而言，
可能尚不僅止於此，但對於兩書關係的研究，確實提供了
初步也較為具體的觀察點。

　　《六朝麗指》與《文心雕龍》兩書之間的理論關係，
當屬駢體文學研究史中的重要議題。而要探討兩書之關
係，不外乎可由文句的徵引襲用情形，及理論觀念暗合互
應兩種可能性進行綜合考察。前者直接而明顯，後者則間

10　引見于景祥：《文心雕龍的駢文理論和實踐》（北京：中華書局，2017
　　年 12 月），第四章〈文心雕龍在駢文史上的影響〉，頁 456-457。

11　參見于景祥：《文心雕龍的駢文理論和實踐》（北京：中華書局，
　　2017 年 12 月），頁 457-461。

12　引見于景祥：《文心雕龍的駢文理論和實踐》，頁 462。

接而隱微。由文句徵引襲用情形來看，大致能看到《六朝麗指》對《文心雕龍》理論概念接受情形之一斑；而從其理論觀念暗合或延伸闡述之處著眼，則更能有助於進一步理解《六朝麗指》立論與《文心雕龍》之間潛在的學術淵源關係。本論文為討論之便，將結合此兩種情形，並兼顧體用，主要從駢文體裁（體）及駢體作法（用）兩個方面切入，嘗試循藉「沿波討源」之法進行考察，同時關照兩書的文學觀點，兩書之間的關係或許也能「雖幽必顯」。

二、從駢文體裁論看《六朝麗指》與《文心雕龍》之關係

　　駢與散原本僅是文章範疇內語言體式之分，但歷代學者對於駢散相對關係的討論，卻不絕如縷，從唐、宋以至於清代，崇駢、尚散兩派從持論立場不同，更進而演變為門戶之見、意氣之爭，彼此壁壘分明，其對立爭勝之勢已形同文學論戰。直至晚清，駢散關係已從並峙對立之交鋒，復歸於合，駢散交融或合一之論也漸成為文章思潮的普遍認知。孫德謙身處此一學術背景，以融通務實的眼光看待駢散分合關係，從駢體的本質來正視六朝文的價值，對於鼇清文學史對六朝文學之成見而言頗有重大意義。《六朝麗指》書中有關駢文名義之鼇清、駢文體製之辨正等文章體裁問題，均有相當明確的論述，以下即加以析論，並嘗試找出與《文心雕龍》理論觀點對應之處。

（一）明辨體裁與囿別區分

文筆之分是南朝時對文章體類區分的觀念，劉宋時文家也多習慣將文筆分別指稱有韻之文及無韻之筆，[13]劉勰亦依循此例，加以開展，以「論文敘筆，則囿別區分」（〈序志〉）的基本原則，建構《文心雕龍》的文章分類體系。劉勰謂「文場筆苑，有術有門」，又云：

> 今之常言，有文有筆，以為無韻者筆也，有韻者文也。夫文以足言，理兼詩書，別目兩名，自近代耳。（《文心雕龍·總術》）

可見以有韻／無韻來區分文章體裁，實為當時學術常見慣例。文筆兩分雖是較為粗略的一種體裁分類方法，但卻為文章分類概念的重要標誌。孫德謙亦採納此一分類觀念，並指出：

> 南北史列傳中，皆載「文筆若干篇」。余初不知所謂，後讀《文心雕龍》，始知文筆者，為有韻、無韻之別。

---

13 王運熙、楊明《魏晉南北朝文學批評史》根據《宋書·顏竣傳》、《宋書·顏延之傳》引文指出：「結合上引『竣得臣筆，測得臣文』以及范曄『手筆差易，文不拘韻』之語，可以斷定劉宋初年人們已經習慣於用『文』『筆』分指有韻之文和無韻的實用性文章了。」參見王運熙、楊明：《魏晉南北朝文學批評史》（上海：上海古籍出版社，1989 年 6 月），頁 189-194。

> 及讀梁簡文〈與湘東王書〉有云：「近世謝朓、沈約
> 之詩，任昉、陸倕之筆，斯實文章之冠冕，述作之
> 楷模。」乃知自詩而外，凡文皆謂之筆也。（頁五十
> 六右－左）

此亦可見《文心雕龍》對孫德謙釐清文學觀念之影響。其
中「自詩而外，凡文皆謂之筆」，詩是抒情性的韻文，雖
不能涵括全部的有韻之文，但與筆相對，此認知與劉勰甚
或六朝當時文筆觀念一致。根據以上諸說，可知當時文筆
之分，意義仍單純，並未有指涉駢散之意。

　　孫德謙嘗謂：「文雖小道，體裁要在明辨也」（頁三
左），因此他相當重視體裁名義的異同與區辨。如特別強
調駢體與四六、賦體指涉並不相同，故不宜混淆，其謂：

> 駢體與四六異。四六之名，當自唐始。……《文心
> 雕龍・章句篇》雖言「四字密而不促，六字格而非
> 緩」，此不必即謂駢文，不然，彼有〈麗辭〉一篇，
> 專論駢體，何以無此說乎？吾觀六朝文中，以四句
> 作對者，往往祇用四言，或以四字、五字相間而出。
> 至徐、庾兩家，固多四六語，已開唐人之先，但非
> 如後世駢文，全取排偶，遂成四六格調也。彥和又
> 云：「今之常言，有文有筆，以為無韻者筆也，有韻
> 者文也。」可見文章體製，在六朝時但有文、筆之
> 分，且無駢、散之目，而世以四六為駢文，則失之

矣。（頁二）

此段引文主要強調重點有二：第一，「四六」之名不從六朝開始，而是始於唐代，此係從歷史發展角度著眼；第二，駢體並不等同於四六，六朝駢體也與後來發展出以四六排偶為主的駢文不同。此論用意在申明六朝文長短迭用、駢散兼行，與制式規律的四六駢體不可混為一談，應該加以區隔。其中不但根據《文心雕龍・總術》「無韻者筆也，有韻文者文也」之說指出六朝文體裁僅有文筆之分，區分無關駢散，另也特別援引《文心雕龍》之論，根據「四字密而不促，六字裕而非緩」之說，證明劉勰當時立論關鍵在於「麗辭／駢語」，並非專針對駢文而發，以凸顯「駢體」與「四六」從名義到實質，均有明顯區別。「四六」是從駢體句式特徵歸結而來，有廣狹義之分，廣義可泛指駢文，為駢文之代稱，而狹義則為句式規律定型化的四六駢體，孫德謙所謂「四六」即採狹義。《六朝麗指》全書最後一則，也仍然回到駢文界義問題，孫德謙指出：

> 或問曰：駢文之名始於何時？……以《文心》言，則謂之「麗辭」，梁簡文又謂之「今體」，唐以前卻無駢文之稱。自唐以後，李義山自題《樊南四六》，宋王銍所著為《四六話》，謝伋又有《四六談麈》，明王志堅所選之文，亦言《四六法海》，當是並以四六為明矣。其實六朝文祇可名為駢不得名為四六

也。證之《說文》，「駢」訓「駕二馬」。由此類推，文亦獨一不成。劉彥和所云「造化賦形，支體必變，神理為用，事不孤立」，即其說也。(頁七十右－左)

此亦從《文心雕龍》以「麗辭」指稱、梁簡文帝蕭綱以「今體」指稱為例，再次強調唐以前屬於駢語，並無駢文之名，並明確指出「六朝文祇可名為駢，不得名為四六」；至於孫德謙釐清《文心雕龍》所謂「麗辭」係指文章表現形態或修辭方式而非指體裁，也頗能符合劉勰文論原意。

再者，有關駢文與賦體之間關係的釐清，孫德謙基於麗辭之修辭方式亦廣泛運用於賦體之中，故再以《文心雕龍》書中〈詮賦〉和〈麗辭〉各自設篇為據，提出辨體觀點如下：

> 賦固駢文之一體，然為律賦者，局於官韻，引用成語，自不能不顛倒其字句，行之駢體，則不足取矣。……駢文宜純任自然，方是高格，一入律賦，則不免失之纖巧。吾觀《文心雕龍》，〈詮賦〉與〈麗辭〉各自為篇，則知駢儷之文，且不同於賦體矣。(頁三右－左)

劉彥和〈詮賦〉云：「六藝附庸，蔚成大國。」是殆風、騷而後，漢之文人，胥工於賦，而獵其材華者，不能不取賦為規範。故六朝大家，宜其文有賦心也。

（頁十三左）

《文心雕龍・詮賦》謂：「賦也者，受命於詩人，而拓宇
於楚辭也。」就文學演變的觀點來看，辭賦早於駢體。然
孫氏在此處指出「賦固駢文之一體」，又以為「駢儷且不
同於賦體」，觀點似乎頗有矛盾，然結合上述所論，並細
究其義，可知孫氏認為賦體雖為駢文之先導，但也視為廣
義的駢文，但兩者不同之處，即在於駢文追求自然表現，
不像律賦頗受官韻格律拘束，而易流於纖巧之弊。故他一
方面力持推崇六朝文的立場，謂：「欲救律賦之弊，多讀
六朝文，必能知之，誠以律賦興於唐，六朝尚無此體矣」；
另一方面又以為賦體事材豐華藻富，足可為六朝文家軌
範。至於此處提及「文有賦心」，蓋指六朝文家在創作之
際援用賦的寫作方法入駢體[14]，如藉排偶、鋪采、渲染等
方式盡情描繪，使駢體表達與賦手法接近，而這也正是六
朝賦體駢化（駢賦／俳賦）的特徵。綜合而言，可知孫德
謙認為駢體不應如律賦為格律所牽制，而賦與駢體麗辭兩
者之間實有相含、相承，又相互借鑒的關係。

　　此外，《文心雕龍》論古今文體，其中有關體製之發
展已力求窮竟源流，體類之包羅亦已相當宏富，然仍難免
有未能周備殆盡之處，故孫德謙對此頗有關注，特別以考

---

14 參閱王榮林：〈論孫德謙六朝麗指中的「文有賦心」〉，《戲劇之家》
　2016 年 12 期（總 239），頁 264。

證之視角來予以修正或補遺。如對「連珠」體之考察，孫德謙指出：

> 連珠之體，彥和謂肇始揚雄，此說不然。或謂源於韓非〈儲說〉，斯得之矣。以吾考之，其體刱於《鄧析子》，又非出自韓非也。（頁五十九左）

孫氏針對劉勰「揚雄覃思文閣，業深綜述，碎文璅語，肇為連珠」（《文心雕龍‧雜文》）之說，提出修正之論，指出「連珠」體於春秋時已有，實創始於《鄧析子》，並舉書中〈無厚篇〉章句為例，據以論斷連珠體並非源於韓非。范文瀾曾對孫氏此說提出辨駁，其說云：

> 按鄧析子出戰國時人假託，今之存者，又節次不相屬，掇拾重編而成。(《四庫提要》語)孫氏所舉兩條，玩其文辭，不特非春秋戰國時人所能作，即揚雄連珠，亦視此為質木，安可據以為連珠之體春秋時已有之哉？[15]

范文瀾此說從《鄧析子》屬偽託之書及文辭不類兩項理由以駁，以為春秋時未必已有連珠體，亦頗能成理，故孫氏

---

15 引見范文瀾：《文心雕龍注‧雜文第十四》（臺北：宏業書局，1982年9月），頁260。

持論是否確當，仍有待商榷，然從中可見孫氏對於劉勰文體源流觀點多有關注。至於孫德謙對「墓誌」及「序」兩體之考察，持論論調則頗有近似之處，亦可作為探究兩書關係的參考點。關於「墓誌」體，孫德謙徵引諸書考辨其體，明確指出「此體始作於宋」、「考古者或謂創於兩漢，或謂三代已有，其說皆非無據，吾意名之為誌者，則自宋為然耳」，認為此體始作時代或有異說，然墓之銘名為「誌」者，實始於南朝宋，據此進而謂：

> 彥和論文，無體不備，若往古早有此體，彼豈獨遺之？（頁六十一右）

其次，關於「序」體，孫德謙以為古人著書多有其例，並對此體進行源流之考察，六朝時期則如：

> 昭明序《陶靖節集》，劉孝綽序《昭明太子集》，虞炎序《鮑明遠集》，他若《庾子山集》則有滕王序之，可謂極一時之盛矣。至沈約《宋書》、魏收《魏書》，以及酈道元《水經注》、裴松之父子之《史記》《三國志》注，序皆為其自著，文則均以駢體行之，詳明條例，而仍成章斐然，為難能也。（頁六十三右）

然因《文心雕龍》並未收錄此體，故孫德謙指出：

> 吾獨怪彥和論文，諸體悉備，而遺此序體，何哉？
> （頁六十三右）

此處所列兩體性質皆屬駢文，均為孫德謙承繼劉勰對古今體類囿別區分、原始表末之理論精神所提出的創獲之見，可見他對文體辨析之事甚為重視，立論也常以《文心雕龍》為參據，故屢屢論及。

（二）取法乎上與正末歸本

六朝駢體風習興盛，遍及各種體類文書，作品數量也甚為眾多，孫德謙謂：

> 六朝駢體之盛，凡君上誥敕，人臣章奏，以及軍國檄移，與友朋往還書疏，無不襲用斯體。至於立言傳世，其存於今者，若梁元帝《金樓子》、劉畫《新論》、顏之推《家訓》，其中皆用駢偶，《新論》則全書盡然。若劉舍人專論文字，更不待言矣。蓋亦一時風尚，有以致此。閒嘗誦習其文，遒鍊雋逸，使人玩繹不厭，後之學為駢文者，此數家書安可不讀哉？（頁三左）

孫氏在此舉列學駢書目，其中即特別標舉劉勰《文心雕龍》為學駢文者不可不讀之書，並以為文辭具有「遒鍊雋逸，使人玩繹不厭」的優點，故屢次在書中強調應以六朝文為

取法之本的觀點，如：

> 駢體文字，以六朝為極則。作斯體者，當取法於此。
> 有志斯文者，當上窺六朝，以作之準，不可逐末而
> 忘其本。（頁一左－頁二右）

> 作為文章，固當兼學漢唐，以論駢體正宗，則宜奉
> 六朝為法。（頁三一右）若志在肄習駢文，則不可不
> 宗師六朝，何也？六朝者，駢家之軌範，所謂取法
> 乎上也。（頁四十右）

將六朝文章推為駢體取法之極則，顯然有極力彰顯六朝文
章價值、為後世駢體樹立典則的深切用意，更進一步來看，
其「取法乎上」、務絕逐末忘本之習的學術價值觀，雖然
未必可明確推斷是受何人何論影響，但與《文心雕龍》標
舉「窮高以樹表」的經典為宗，力倡「正末歸本」的文學
觀點頗有旨趣相通之處。

　　劉勰身處駢體麗辭盛興但又「離本彌甚，將遂訛濫」
（〈序志〉）的時代，面對「競今疏古，風末氣衰」（〈通
變〉）的南朝唯美創作風習，頗感憂慮，故亟思對抗。於
是劉勰在「詳其本源，莫非經典」（〈序志〉）的前提下，
為文章體製追溯源流，標舉「宗經」理想，期藉經典所立
下恆久不刊的典範理想，提供當世或後世創作者皆有可取
資遵循的規準，故「秉經以製式，酌雅以富言」（〈宗經〉）

正是劉勰提出富有積極性的文學主張。關於此種「以歷史考察的方式，為文體的功能及創作、批評，尋求理論依據」的體源批評，顏崑陽指出其方法的系統特色謂：

> 在方法上，先確立一套文體價值的層級性判準，判定各家品位的高低，橫向建立幾個最高的「典範體式」，以為一切文體依歸的本原，然後加入先後時序的概念，以「源」「流」串連為統緒。既達到評價，又建構傳統。[16]

「體源批評」可說是六朝文學批評的一項特點，除了任昉《文章緣起》、摯虞《文章流別論》、鍾嶸《詩品》等之外，《文心雕龍》正是其中的典型代表。因此，標舉「典範體式」為文體依歸，不僅是當時批評的趨勢，也成為一種批評的系統與方法。從這角度來看待《文心雕龍》「正末歸本」的為文用心，就更能充分理解劉勰為何堅持徵聖宗經立場，並將五經視為最合乎文體理想的典型範式的意義。顏崑陽對此有云：

> 劉勰對於楚漢以來，文體解散，流弊不還的焦慮非常強烈。因此，「正末歸本」，重新反省文學本質、

---

16 引見顏崑陽：〈六朝文學「體源批評」的取向與效用〉，《東華人文學報》，3 期，2001 年 7 月，頁 31。

　　功能，樹立典範、建構傳統，以供創作者之依循，
　　就是他寫《文心雕龍》的最重要企圖。而〈宗經〉
　　的「體源批評」正是實現這企圖的主要入路。[17]

由此可見「宗經」正是貫徹文體理想的樞紐與途徑。《六
朝麗指》與《文心雕龍》同樣面對駢體麗辭盛興的文學環
境，在關切駢體文學發展問題的同時，也都從「建言」的
理論面和基礎面，以「沿波討源」的原則總結六朝時期文
學的創作規律，兩書分別採取「取法乎上」與「正末歸本」
的理論精神來為文學創作尋求「典範體式」。孫德謙讚許
文體原於六經的觀點，所循理據，主要即為《文心雕龍》
及《顏氏家訓》的宗經體源之論，孫氏指出：

　　文章體製，原本六經，此說出之六朝，其識卓矣。《文
　　心・宗經》曰：「論說辭序，則《易》統其首；詔策
　　章奏，則《書》發其源；賦頌歌讚，則《詩》立其
　　本；銘誄箴祝，則《禮》總其端；紀傳銘檄，則《春
　　秋》為根。」《顏氏家訓・文章篇》曰：「夫文章者，
　　原出五經：詔命策檄，生於《書》者也；序述論議，
　　生於《易》者也；歌詠賦頌，生於《詩》者也；祭
　　祀哀誄，生於《禮》者也；書奏箴銘，生於《春秋》
　　者也。」所言雖有異同，而以文體為備於經教則一，

---

17 同上注，頁 32-33。

> 可見六朝之尊經矣。……而劉舍人、顏黃門兩家，
> 獨識文字之原六經，無體不具，前此未有言之者，
> 猶可賤視六朝乎？（頁二十二左－二十三右）

《文心雕龍》及《顏氏家訓》兩說均將後世文體推原於經典，紀昀雖評其「涉於臆創」[18]，然其實正是傳統尊經意識的一種體現，劉永濟對此說法也指出：

> 此固歷代尊經所致，而經文自有典則，足為後人楷模，實其真因也。[19]

孫氏雖未根據劉勰之說再做開展討論，但對其說「六朝之尊經」、「獨識文字之原六經」充分肯定，一方面以為是六朝文體論的一大創獲和成就，一方面則有正視六朝文學價值的深切用意，也為不得任意鄙薄六朝文之持論立場提供有力理據。孫德謙亦在其他著作中亦對劉勰尊經、為文體溯源之觀點有所關注，如謂：

> 〈宗經〉一篇，則知箴銘諸體，無不本於六經，其

18　紀昀：「至劉勰作《文心雕龍》，始以各體分配諸經，指為源流所自，其說已涉於臆創。」詳見清永瑢、紀昀：《四庫全書總目提要・集部・總集類》（臺北：臺灣商務印書館，1985 年），卷 192，頁17。

19　引見劉永濟：《文心雕龍校釋》（臺北：華正書局，1981 年 10 月），頁 6。

識卓矣。而於詩賦各家，悉為之窮竟源流，……後
之為學者，苟欲究文章源流，舍此則未有得也[20]

此一評述觀點，也正可與《六朝麗指》所論對應。

三、從駢體作法論看《六朝麗指》與《文心雕龍》之關係

駢體是一種馳騁形式美感，充分展現藻麗文采的文章
體製，駱鴻凱（1892-1955）曾指出駢體有四大形式特點，
並歸納發展的進程謂：

駢文之成，先之以調整句度，是曰裁對；繼之以鋪
張典故，是曰隸事；進之以煊染色澤，是曰敷藻；
終之以協諧音律，是曰調聲。持此四者，可以考迹
斯體演進之序。[21]

于景祥《中國駢文通史》也提出近似之論，並更進一步從
駢體四項特點與六朝文學演進的關係上著眼，其謂：

---

20 孫德謙《劉向校讎學纂微·敘源流篇》，引見楊明照：《增訂文心
雕龍校注·下》（北京：中華書局，2000 年 8 月），附錄〈品評第
二〉，頁 662。

21 引見駱鴻凱：《文選學·讀選導言第九》（臺北：漢京文化事業，1982
年 10 月），頁 311。

這四種特徵在形成上並不是整齊畫一的，而是有一個漸次的發展過程的。簡而言之，魏晉以前文章便產生大量駢詞儷句，而魏晉時期，隨著文學的自覺思潮的出現，在講究駢偶的同時又著力追求詞采與藻飾，而且使事用典也較以前有所發展，時或出現借喻與隱喻。由晉而宋，駢文的發展則比較集中地表現在用事用典之上。到了齊梁時期，隨著音韻學的研究與發展，駢文在對偶、藻飾、用典之外，又加上了對聲韻美的追求，詞采也更加華麗繁富。[22]

凡此可見裁對、隸事、敷藻、調聲這四大形式要素最具普遍性，也最受駢文研究學者留意，故成為考察六朝駢體特徵的重要面向。

《文心雕龍》雖不專針對駢儷技巧立論，然劉勰從文學創作基本原理的高度著眼，探討文術創作各方面問題，對後世駢體作法之論亦能有諸多啟發。唯《六朝麗指》在聲律方面較偏重在氣韻範疇，指出駢體因文氣表現舒緩，因此宜注意緩讀、輕讀等要點，觀點較未有明確可與《文心雕龍》對應之處，本文暫不另單獨列點討論。故以下主要從裁對、隸事及敷藻的角度，依序分項探討《六朝麗指》與《文心雕龍》對於駢體作法所開展出的論述內涵，並嘗

---

22 引見于景祥：《中國駢文通史》（長春：吉林人民出版社，2002 年1 月），頁 22。

試比較及對應，以理解兩書觀點或理路上所呈現的相關性。

（一）奇偶相生與迭用奇偶

儷偶裁對是駢體的基本要素，也是決定文體歸屬於駢或散的關鍵條件，後世駢散關係的討論也多從此處著眼，並開啟了唐宋以下以迄晚清、民初的駢散門戶之爭，孫德謙對此學術議題指出：

> 自唐昌黎韓氏剏造古文，學者翕然從之，於是別自名家，遂以六朝駢文作鴻溝之劃。其甚者執東坡八代起衰之說，卑視六朝，黜為俳優。近世桐城一派，且以對偶辭句不得搖其筆端，為古文之大戒。（頁一右）

孫德謙以為六朝文雖以駢偶見長，但其實文無分駢散，駢偶也不應成為六朝文受到卑視的原因，故《六朝麗指》第一則開宗明義即根據《易·繫辭》所云「物相雜，故曰文」之理，明確指出「文須奇偶相生，方成為文」，並揭示「駢散合一乃為駢文之正格」（頁二十六右），可說是《六朝麗指》一書立論的核心觀點。因此，書中屢次強調文章不宜全駢或全散，應兼用駢散的論點，其意在於避免形式之僵滯，並凸顯駢儷文章的氣韻和神采，證驗六朝文實有善處。他說：

作駢文而全用排偶，文氣易致窒塞，即對句之中，亦當少加虛字，使之動宕。（頁十右）文章之分駢散，余最所不信。何則？駢體之中，使無散行，則其氣不能疏逸，而敘事亦不清晰。（頁十九右）夫駢文之中，苟無散句，則意理不顯。……應駢中有散，如是則氣既疏緩，不傷平滯，而辭義亦復軒爽。（頁二十五左－二十六右）

孫德謙以為即使是駢體，亦當避免運用過多僵化的駢儷句式，若全用排偶，易使文氣窒塞，難產生流暢疏逸之感，因此主張兼用散句、虛字作為調節，即可發揮活絡篇章血脈，並使表意更為流利清晰的效果。而不論用散行句法或者加上虛字，目的在有利於自然氣韻的展現。孫德謙認為「駢文宜純任自然，方是高格」，又云：

《齊書・文學傳論》曰：「放言落紙，氣韻天成。」此雖不專指駢文言，而文章之有氣韻，則亦出於天成，為可知矣。（頁十左）

可見孫德謙主張駢體以自然渾成之氣韻見長，故「自然」成為其審美理想。劉勰也認為一味堆砌辭藻，缺乏生動之氣，則麗辭也勢難避免庸冗之病，其云：

若氣無奇類，文乏異采，碌碌麗辭，則昏睡耳目。（〈麗辭〉）

氣奇采異，當是使文章能接近氣韻審美理想的必備條件。
再就麗辭句法的經營來看，屬對本身須求工穩，但這就不
免帶些人為刻意的成分，因此孫德謙認為應當可用「漸近
自然」的原則來看待：

> 既是駢文，字句之間，當使銖兩悉稱。……竊謂句
> 對宜工，但不可失之湊合，或有斧鑿痕，當如孟嘉
> 所謂「漸近自然」，則得矣。（頁六十八右）

對句雖應求「銖兩悉稱」，但仍宜避免過於矯作或勉強湊
合，孫德謙為期通篇氣局之自然，以寬對的標準來看待裁
對之法，使對偶用事亦能在「漸近自然」下，達到兼具裁
對藝術與表意的效果。此處所謂「漸近自然」，用晉孟嘉
之典[23]，係指用事當求超然脫俗以呈現氣韻之意。據以上
孫氏所述以觀《文心雕龍》之論，劉勰在自然審美觀的立
論前提下，強調「自然會妙」（〈隱秀〉），因此從麗辭
的發生到運用要領，均以自然的規律為宗，亦即在自然中
體現雕飾，此處亦可看到兩書理論觀念的呼應。如〈麗辭〉
云：

---

23 事見《晉書·列傳第六十八·王敦桓溫傳》：「嘉好酣飲，愈多不
亂。溫問嘉：『酒有何好？而卿嗜之？』嘉曰：『公未得酒中趣耳。』
又問：『聽妓，絲不如竹，竹不如肉，何謂也？』嘉答曰：『漸近
自然。』一坐咨嗟。」

> 造化賦形，支體必雙，神理為用，事不孤立。夫心
> 生文辭，運裁百慮，高下相須，自然成對。

並指出：

> 必使理圓事密，聯璧其章，迭用奇偶，節以雜佩，
> 乃其貴耳。

劉勰一方面將文學推原於自然，以為麗辭實受客觀的自然
世界啟發，是由「造化」或「神理」所生成造就，因此「自
然成對」正是麗辭運用的基本精神；另一方面，劉勰鑑於
歷史發展及聖人經典早已存在「豈營麗辭，率然對爾」、
「奇偶適變，不勞經營」的麗辭實例，且以順應情意表達
為要，造句非屬刻意經營，進而歸結出「迭用奇偶，節以
雜佩」的要旨，作為麗辭運用之準則。由此可見，《六朝
麗指》與《文心雕龍》均崇尚麗辭，以自然天成為貴，孫
德謙主張「奇偶相生」與劉勰主張「迭用奇偶」，兩人立
論要旨相當近似，而孫德謙受《文心雕龍》之沾溉，可見
一斑。

（二）從「重出駢枝」到「化駢為散」

　　就麗辭裁對時易生之瑕病來看，劉勰具體歸結有麗辭
四病，如重出、不均、孤立及庸冗，其中重出尤為四病之
首。正對運用以「事異義同」為旨，而重出則是「事同義

同」而造成詞義重出複疊之現象，如同詩家所謂「合掌對」，
《文心雕龍‧鎔裁》亦云：「一意兩出，義之駢枝也；同
辭重句，文之肬贅也」，即是指對句意義上的駢贅，從劉
勰所舉兩則實例來看，如張華詩：「遊鴈比翼翔，歸鴻知
接翮」以及劉琨詩：「宣尼悲獲麟，西狩泣孔丘」，前者
鴈、鴻同類，比翼、接翮同義，皆並翅而飛之意；後者宣
尼即孔丘，獲麟、西狩意指同事，均屬辭複意疊，故劉勰
以為裁對重出。

　　孫德謙對此類駢句重出現象，除依憑《文心雕龍》論
點予以延續討論，主張避免駢枝之病外，並進一步從駢散
關係上提出解決之道，其云：

> 李延壽《北史‧文苑傳序》：「曲阜之多才多藝，監
> 二代以正其源，闕里之性與天道，修六經以維其末。」
> 「曲阜」「闕里」相對，使彥和見之，必致譏也。《文
> 心‧麗辭篇》：「劉琨詩言：宣尼悲獲麟，西狩泣孔
> 丘。若斯重出。即對句之駢枝也。」故知李氏此序，
> 以「曲阜」對「闕里」，真是重出而駢枝矣。夫駢體
> 重出，同於駢枝，則不足稱賞，吾觀六朝作者無此
> 失也。推延壽之用意，極是歸崇先聖，然何不去「曲
> 阜」、「闕里」四字，而於其句上行以散體？或言：
> 孔子之聖，固天攸縱，則決無駢拇枝指之患矣。六
> 朝諸家，於無可屬對者，往往化駢為散，即使兩句
> 相對，而不嫌其重沓者，或事非一人，或時分兩代，

> 極之意雖從同，而於用字則有判別。沈休文〈為武
> 帝與謝朏敕〉：「璧帛虛往，蒲輪空歸。」下一「往」
> 字、「歸」字，亦不使傷於複出。夫駢文誠不可無對
> 偶，然豈可率爾操觚耶？（頁四四左－一四五左）

此段引文以《北史・文苑傳序》的「曲阜」「闕里」這一
聯對句為例，指出「駢體重出，同於駢枝」，故從崇尚駢
散兼行的創作觀點來看待，主張循自然之理則，認為若在
正對無法達成「事異義同」的要求時，則「於無可屬對者，
往往化駢為散」，不宜率爾操觚，執意追求工整儷偶，有
時表達亦可考慮以散代駢，如此當可避免駢枝以及意義之
重沓複疊。其說既認定駢體尚對偶之特點，但也針對《文
心雕龍》對句重出而致駢枝之瑕病，進一步延伸談及解救
之道，這對駢體裁對技巧的經營而言，當屬既謹重又通達
的創作觀念。

（三）從「並舉人驗」到事對之法

　　劉勰依據有無用事及命意正反兩方面，將麗辭分為四
類：「麗辭之體，凡有四對」，其有難易優劣之分，云：

> 言對為易，事對為難，反對為優，正對為劣。言對
> 者，雙比空辭者也；事對者，並舉人驗者也；反對
> 者，理殊趣合者也；正對者，事異義同者也。……
> 偶辭胸臆，言對所以為易也；徵人資學，事對所以

為難也。(《文心雕龍・麗辭》)

裁對常需引用人事典故,因此,「並舉人驗」之際,必需「徵人資學」方能搭配成對,此對文家才學自然是一大考驗,也較純粹出自胸臆不用典事的言對為難,孫德謙即指出:

> 語曰:「文翻空而易奇。」以此言之,文章之妙,不在事事徵實,若事事徵實,易傷板滯。後之為駢文者,每喜使事,而不能行清空之氣,非善法六朝者也。(頁五三左)

此處「文翻空而易奇」,即明引劉勰所謂:「意翻空而易奇,文徵實而難巧」(《文心雕龍・神思》),藉以說明為文若事事徵實,受用典之牽制,文章就勢必流於板滯,難以自由暢達。然劉勰「意翻空而易奇」之說原意在描述創作時極力馳騁文思的狀態,並非反對用事,與孫德謙引用之意並不相同。再者,孫德謙並不認同隸事過密,且以為事對之裁成當有彈性,故更進一步根據劉勰事對之說延伸並舉證,指出六朝文章實際上也未必皆運用嚴整工對。其謂:

> 劉彥和云:「事對者,並舉人驗也。」蓋言事對之法,上下當取古人姓名以作對偶耳。其下引宋玉〈神女

賦〉云：「毛嬙郭袂，不足程式；西施掩面，比之無色。」以為並舉人驗，所以為事對者如此。乃吾讀六朝文則不然。庾子山〈周柱國長孫儉神道碑〉：「思皇多士，既成西伯之功；俊德克明，乃定南巢之伐。」西伯，人也；南巢，則地也。以地對人，六朝自有其例，彥和「人驗」之說，亦可不拘矣。至傅季友〈為宋公修楚元王墓教〉：「甘棠猶且勿翦」，「信陵尚或不泯」，則且以人、物作對，何在必舉人驗哉？然而對切求工，彥和要為正論也。夫駢文之難，往往有一事可舉，而貧於作對者，於是上為古人，或借地名、物名，強為之對，此則莊子所謂「無可如何」耳。（頁九左－頁十右）

孫德謙一方面認為「對切求工」屬裁對之正則，但另一方面仍從寬對、循順自然的立場，認為在貧於作對時，亦無需勉強或拘執不變，可以容許些許彈性，故人名亦得與地名、物名相對，如所舉例證中，「西伯之功」與「南巢之伐」為人名對地名，「甘棠猶且勿翦」與「信陵尚或不泯」則為物名對人名，類似狀況或許早已為普遍狀況，也是一種可行的事對變通之法。然在劉勰「事對所先，務在允當」的基本原則下，所謂的「並舉人驗」，是否即為必須「上下當取古人姓名以作對偶」？關於孫德謙提出這個界定及詮釋，學者提出不同看法，如王益鈞嘗對此說加以辨析，以為孫氏可能略有誤解，他指出：

劉勰所謂「人驗」，其實並不等於人名，而是指某人的言行事跡；他強調「並舉」的事義必須「允當」、優劣相得就行了，「兩事相配」，是為事對。因此，事對之中不一定要用人名，而實際上劉勰也沒有要求「上下當取古人姓名以作對偶」。然而，之所以有這樣的誤會，良由劉勰所舉的例子中恰有「毛嬙」和「西施」這兩個人名為對之故，……但他以通達的態度強調在「貧於作對」和事義相稱的前提下，作家們實不必拘泥於形式，地名、物名、人名都可以互借為對。不過，孫氏強調這只是無可奈何的妥協，他認為「對切求工」才是駢文之正道。孫氏也許誤會了劉勰的有關事對的定義，但他對事類配對的原則，顯然與劉勰最終還是合轍的。[24]

的確，劉勰所謂「並舉人驗」未必須以人名為對，而是後世駢論以對切求工為唯一準則，以「的名對」[25]之對仗基本規律要求凡人名亦必須相對，故孫氏特在此針對嚴格工對之說提出補充修正，指出事對之法以通達為要，無需拘泥。此處細究劉勰舉例實義，對孫德謙之說提出辨正，但

---

24 引見王益鈞：《孫德謙駢文理論研究》（香港：香港中文大學中國語言及文學課程碩士論文，2006 年 12 月），第三章第二節，頁 84。

25 「的名對」又稱正名對、正對、切對，是指同類之物相對，屬於對仗的基礎方式，在《文鏡秘府論》中列為二十九種對之第一，詳參王利器：《文鏡秘府論校注》（臺北：貫雅文化事業，1991 年 12 月），頁 262－265。

仍認為兩者論點原則上其實仍屬合轍，由此也正可顯見《六朝麗指》立論與《文心雕龍》之緊密關係。

（四）從「訛勢所變」到取新之法

　　駢體除講究裁對、用事等形式技巧之外，也一向重視敷藻，在遣詞造句上追求新變，其正面效果是可藉修辭以「煊染色澤」，但仍難免在飛靡弄巧之際造成「訛勢」的負面效應。因此孫德謙在回顧六朝文發展趨勢，體察此一創作現象，特別詳予討論，而其立論的出發點及主要依據，仍然歸諸《文心雕龍》。孫德謙云：

> 《文心·通變篇》：「宋初訛而新。」謂之「訛」者，未有解也。及〈定勢篇〉則釋之曰：「自近代辭人，率好詭巧，原其為體，訛勢所變，厭黷舊式，故穿鑿取新。察其訛意，似難而實無他術也，反正而已。故文反正為乏，辭反正為奇。效奇之法，必顛倒文句，上字而抑下，中辭而出外，回互不常，則新色耳。」觀此，則「詭」之為用，在取新奇也。顧彼獨言「宋初」者，豈自宋以後，即不然乎？非也。〈通變篇〉又曰：「今才穎之士，刻意學文，多略漢篇，師範宋集。」則文之反正，喜尚新奇者，雖統論六朝可矣。聞之魏文有言：「文章經國之大業，不朽之盛事。」文而專求新奇，為識者蚩鄙，在所不免。然而論乎駢文，自當宗法六朝，一時作者並起，既

以新奇取勝，則宜考其為此之法。（頁二九右－左）

此處主要從「宋初訛而新」之時代文風評價予以詮釋並釐清，一在闡釋「訛」之來由原意在於刻意造成語句的新奇感，另則指出此「訛而新」之風實可用以統論六朝，不僅在劉宋。故駢文要宗法六朝，當需考究此法在六朝之運用情形。依循劉勰之意，「訛」主要表現在「反正」，亦即運用「上字而抑下，中辭而出外」顛倒文句的手段，以製造「回互不常」的新奇之感，但劉勰對此僅提及現象而未舉實例，孫德謙則予以延伸闡述，將趨新之法分為詭更文體、用字之訛及顛倒文句三類，並舉實際例證，以見取新之道，其實正可作為劉勰之論的註腳。以下根據孫氏所舉文例以略見取新之法實情，首先如詭更文體之例：

> 韋琳之有〈蟬表〉，袁陽源之有〈雞九錫文〉，並勸進，是雖出於游戲，然亦力趨新奇，而不自覺其訛焉者也。（頁三十右－左）

此處所舉韋琳〈蟬表〉及袁淑〈雞九錫文〉均屬於詼諧戲謔性質的文章，在《文心雕龍》大致歸屬於「諧讔」的體類範疇。學者蘇瑞隆概括此兩文要旨謂：

> 袁淑的〈雞九錫文〉是以模仿嘲弄「九錫文」為主的遊戲文章。……「九錫文」是魏晉以降改朝換代

之際，篡位的權臣要求文人所寫作的一種華麗典贍的文體。其目的在以天子的口吻敘述贊揚篡位者的功績，然後晉爵封侯，賜以九種殊禮。……袁淑的〈雞九錫文〉用雞來作為接受九錫的對象，全篇用詞用典都以雞為中心。……韋琳的〈鱔表〉，以鱔魚身份上表，將滿朝文武說為一桌好菜。[26]

可見其藉表這類原本肅穆莊重文體來刻意製造遊戲諧謔的效果，屬文之變體，故謂「詭更文體」是趨新的一種作法。

　　其次，為用字之訛者，係刻意運用特殊字詞以見新奇，如孫德謙謂「有不用本字，其義難通，遂使人疑其上下有闕文者」的代字現象，其所舉幾則實例：

　　　任彥昇〈為范始興作求立太宰碑表〉：「阮略既泯，故首冒嚴科。」「故」即「固」字，自假「固」為「故」，而文意甚明者，轉至不可解矣。此亦新奇之失，訛於一字者也。又〈北山移文〉：「道帙長殯，」此「殯」字借為埋沒意，且其文究非移檄正格，猶可說也。而江文通〈為蕭拜太尉揚州牧表〉：「若殞若殯。」《說文》：「殯，死在棺，將遷葬柩，賓遇之。」今文果從本義，則殯為死矣。章表之體，理宜謹重，

---

26 引見蘇瑞隆：〈漢魏六朝俳諧賦初探〉，《南京大學學報：哲學‧人文科學‧社會科學》2010 年 5 期，頁 127-128。

> 何必須此「殯」字，蓋亦惟務新奇，訛謬若此也。
> 以上二者，皆係用字之訛，以為苟不如此，不足見
> 其新奇耳。（頁三十右）

例中將「固」改用「故」字、將「埋」改用「殯」字，屬
於駢體文假借代字現象，較難用文字本身意義去解釋，「苟
不如此，不足見其新奇」正切中了當時不得不然的鍊字風
習。是以孫德謙對六朝駢體的代字用法也頗有關注，其略
謂：

> 夫文之有假借，即代字訣也。……凡文用代字訣，
> 均是避陳取新之道，六朝文中類此者至多。……從
> 事駢文而不識代字之訣，則遣辭造句何能古
> 雅？……故求生僻，亦失之。（頁十六左－十七左）

代字法即今所謂借代修辭。孫德謙認為駢體用此法能避陳
取新，可使遣辭造句更顯古雅，但仍不宜惟務新奇以免失
之生僻，對正式體裁尤宜謹重。駱鴻凱亦指出此法由來已
久，並有明確的修辭需要及效應：

> 託始於卿固，中興於潘陸，顏謝繼作，綴輯尤繁。
> 而溯其源起，大氐由文人厭顯舊語，欲避陳而趨新，
> 故課虛以成實。抑或嫌文辭之坦率，故用替代之詞，
> 以期化直為曲，易邐成迂。雖非文章之常軌，然亦

修辭之妙訣也。[27]

據此可見代字用法對文句所產生避陳趨新的修辭效果，且已成相當普遍的趨勢。劉麟生對此指出：

> 孫隘堪謂：「六朝工於鍊字，有戛戛獨造之妙。」此語信然。文人好奇，深嫉庸熟，於是走入用字生僻之一途，或造句過於琢鍊，不免有損氣勢，則又矯枉過正矣。此雖六朝駢文，要亦不能免也。[28]

鍊字以求新固然為六朝創作趨勢，但矯枉過正即難免有生僻之弊，故需特別講究文字之遣用，因此孫德謙指出六朝作家多擅長小學，其云：

> 文章之妙，必通小學，此劉彥和氏所以〈練字〉一篇，別用討論乎？其言曰：「善為文者，富於萬篇，貧於一字，一字非少，相避為難。」然則學為駢文，其可不攻小學乎？六朝駢文之工，亦其小學擅長也。（頁三九左）

---

27 引見駱鴻凱：《文選學·餘論第十》（臺北：漢京文化事業，1982年10月），頁356。

28 引見劉麟生：《中國駢文史》（臺北：臺灣商務印書館，1990年12月臺六版），頁46-47。

> 凡其善於鍊字者，必深通字義，倘字義不明，敢輕
> 下一字乎？（頁五三右）

其一為了避免文字平庸，再者為了避重複，故語彙務求豐
富，這也就需憑藉「深通字義」的小學造詣。尤其上述引
文在列舉《隋書·經籍志》所著錄六朝時期重要音韻文字
專書時[29]，便順帶談及劉勰在《文心雕龍》設〈鍊字〉篇
之緣由，並在論述時引用其中關鍵文句，更可明顯看出孫
德謙對《文心雕龍》關注甚深，且其觀念時有近似之處。

　　第三，為顛倒文句者，此即劉勰對「訛而新」文學風
習中主要的「反正」之法，孫德謙所舉諸例，正可作為劉
勰論點的註腳。孫德謙指出：

> 鮑明遠〈石帆銘〉：「君子彼想」，恐是「想彼君子」，
> 類彥和之所謂顛倒文句者。句何以顛倒？以期其新
> 奇也。又庾子山〈梁東宮行雨山銘〉：「草綠衫同，
> 花紅面似。」其句法本應作「衫同草綠，面似花紅」，
> 今亦顛之倒之者，使之新奇也。（頁三十左）

29　《六朝麗指》第五十一則列舉六朝小學名著云：「以六朝言，周
　　興嗣、蕭子雲各為《千字文》，吳恭則有《字林音義》，顧野王有
　　《玉篇》，阮孝緒有《文字集略》，顏之推有《訓俗文字略》，均載
　　《隋書·經籍志》。而《志》又著錄梁楊休之《韻略》一卷，沈約
　　《四聲》一卷，此蓋言音韻之書也。在晉宋之際，文士齊名者則
　　為顏、謝。按《隋志》，顏則撰《詁幼》，謝則撰《要字苑》。」引
　　見頁三九左－右。

其中所舉「君子彼想」、「草綠衫同，花紅面似」，均為顛倒語序之例，主要在刻意為文句製造新奇的效果。但孫德謙也從體裁的觀點對此「反正」之法提出進一步的辨正，謂：

> 或曰：銘為韻文，所以顛倒者，取其音叶，其說似也。以吾言之，律賦有官韻，無可如何，而顛倒其文句，既非律賦，凡為駢偶文字，造句之時，可放筆為之，無容倒置。然則此銘兩句，其有意取詭者，亦好新奇之道也。其餘「則哲」、「如仁」之類，一言蔽之，不離乎新奇者近是。雖然，《記》有之：「情欲信，辭欲巧。」《禮》家且云爾，又何病夫新奇哉？（頁三十左）

本論文前引「為律賦者，局於官韻，引用成語，自不能不顛倒其字句，行之駢體，則不足取矣」，此處謂「既非律賦，凡為駢偶文字，造句之時，可放筆為之，無容倒置」，其要旨一在辨析律賦與駢文體製有本質之別，一在強調駢體之文追新逐奇傾向，實由於修辭求美心理，未必皆為文病，其要在於「放筆為之」，順循自然，不被動受到形式拘牽，也不一味趨近適俗而標新立異。可見為文追求新奇並不是問題，詭與新的關鍵當在於是否能得體、適切表達文意，具體而言，即劉勰所謂：

> 密會者以意新得巧，苟異者以失體成怪。舊練之才，
> 則執正以馭奇；新學之銳，則逐奇而失正。（《文心
> 雕龍・定勢》）

劉勰認為：「愛奇之心，古今一也。」（〈練字〉）可見
只要能在「意新得巧」的前提下「執正馭奇」，新奇未必
皆成訛病。孫德謙對文好新奇之道的見解，持開放寬容但
審慎接受的態度，也正與劉勰觀點呼應。

（五）從「苟馳夸飾」到形容之法

夸飾是駢體敷藻的重要環節，也是一般作家為作品辭
采增色的修辭技巧，孫德謙認為駢文多用誇飾之辭以刻畫
事物形態特徵，是所謂「窮形抒寫，極渲染之能」（《六
朝麗指・自序》）。他以形容之法來界定夸飾，其說本於
汪中，謂：

> 汪容甫先生《述學》有〈釋三九〉篇，其中篇云：「若
> 其辭則又有二焉：曰曲，曰形容。」「所謂形容者，
> 蓋以辭不過其意，則不愜，故以形容出之。」可知
> 其深於文矣。《文心雕龍・夸飾》：「言高則峻極於天，
> 言小則河不容舠。」嘗引《詩》以明夸飾之義。吾
> 謂夸飾者，即是形容也。《詩經》而外，見於古人文
> 字者，不可殫述。（頁五右）

孫德謙將汪中《述學》的「形容」與《文心雕龍》的「夸飾」聯繫並觀，以為夸飾即是形容，其相通之處在於刻意使辭過其意，達到修飾文辭的目的。這類的修飾技巧，或許言過其實，但如同《文心雕龍》所引《詩經》「崧高維嶽，駿極於天」（〈大雅·崧高〉）、「誰謂河廣，曾不容刀（舠）」（〈衛風·河廣〉）之例，其用意在盡致的形容，與據實的書寫記錄不同。是故又據以指出：

> 《尚書·武成篇》：「罔有敵於我師，前徒倒戈，攻於後以北，血流漂杵。」此史臣鋪張形容之辭。《孟子》則謂「盡信《書》不如無《書》」，「以至仁伐不仁，而何其血之流杵？」夫《書》為孔子所刪定，孟子豈欲人之不必盡信哉？特以《書》言「血流漂杵」，當知此為形容語，不可遽信其真也。遽信其真，不察其形容之失實，而拘泥文辭，因穿鑿附會以解之，斯真不善讀書矣。故通乎形容之說，可以讀一切書。而六朝之文，亦非苟馳夸飾，乃真善於形容者也。（頁六右）

以上闡述重點主要可從三個方面進一步說明：其一，結合上引「《詩經》而外，見於古人文字者，不可殫述」之論，以及從《尚書》等經書中取例說明鋪張形容之辭由來已久，且早已普遍存在，此與劉勰所謂「文辭所被，夸飾恆存」之立論觀點如出一轍，且其中「血流漂杵」之例，亦取用

《文心雕龍‧夸飾》：「倒戈立漂杵之論」為例；其二，讀者當善體形容之法，切莫拘泥於文辭本身而「遽信其真」，此則可與劉勰謂「辭雖已甚，其義無害」之旨互相印證；其三，孫氏強調六朝文「非苟馳夸飾，乃真善於形容者」，既是對六朝文藝術價值的肯定，也藉以釐清辨析六朝駢體作品善於形容的修辭特點，與劉勰所謂「心非鬱陶，苟馳夸飾，鬻聲釣世」（《文心雕龍‧情采》）的「為文而造情」之作有別，兩者在創作本質上並不相同。

　　綜合以上論述來看，孫德謙相當重視六朝文的藝術性，他認為通曉形容之法實為「深於文」的重要門徑，尤其取資借鑒於《文心雕龍》「夸飾」之論述及文例頗多，由此亦可顯見兩書立論理據上的關聯。

四、結　語

　　清代是中國傳統學術總結的時期，舉凡詩文、詞曲、小說及戲曲等各領域的研究論著，均有顯著而重要的成果，誠如文學批評史研究歸結所云：

> 二百多年時間內，文學批評名家輩出，流派紛呈，理論著作和單篇論文資料異常繁富。清代是傳統文化學術總結和集大成的階段，文學批評也呈現出這樣一個特點。[30]

---

[30] 引見鄔國平等：《清代文學批評史》（上海：上海古籍出版社，1995年11月），緒論，頁1。

學者蔣凡也曾指出：

> 清代的文學也像學術一樣，具有一種包融、綜合的
> 特徵，雖然未必有多少獨創性，但卻可以說是整個
> 古典文學的總結。……要舉清代文學的「一代之
> 勝」，則文學批評必當之無愧。無論是文獻數量之豐
> 富，還是理論、技術水準之高，前代都無可儔比。[31]

可見清代文學批評的成就及分量，足堪為一代之勝，其不
僅是往代學術成果的綜合積澱，對於文論研究內涵的深化
而言，也發揮重大意義。而孫德謙所著《六朝麗指》，正
是清末民初駢文理論批評成果的代表，其廣泛而切要關照
了駢體各面向的問題，為六朝麗辭開展、歸結出的創作理
則，無疑是傳統文學研究成果中的重要資產，值得予以重
視。如于景祥《中國駢文通史》所評：

> 孫德謙之宗法六朝，確實得其神髓，不同於一般之
> 生吞活剝者流。平心而論，孫德謙的這種駢文理論
> 和創作成就在傳統駢文的歷史上是該有一席之地
> 的，因為他較之其他傳統駢文家要開明得多，見識

31　此為蔣凡為呂雙偉《清代駢文理論研究》所作之序，引見《清代
　　駢文理論研究・序》（北京：　人民出版社，2011 年 8 月），序頁 1。

也更深刻一些。[32]

　　今日駢體文學的創作雖已難再現發展生機，然若從駢體理論的視野予以回顧，《六朝麗指》不僅其獨特的學術意義可受到肯定，其書理論之淵源、觀點內涵之詮釋，仍皆為駢文史範疇中值得進一步探索的學術課題。

　　本文探究《六朝麗指》駢文理論與《文心雕龍》兩書之關係，主要從體裁名義的考辨、體源理據的推求、駢體作法的開展等幾個面向切入，透過比較的方法，進行辨析，從中發現孫德謙《六朝麗指》或多方參藉引用《文心雕龍》的文句，或對《文心雕龍》觀點予以辨正、補充及延伸，兩書不僅文學觀念相近、理路相通，甚至沿襲之處也甚多，明顯可見《文心雕龍》的理論視野確實影響了《六朝麗指》之立論，兩書時代雖相隔一千四百多年，但兩者之間的學術淵源關係當可充分確認。而透過兩書關係的考察，《六朝麗指》其書在駢體文學史上的重要性也可有較明確的定位。

---

32 引見于景祥：《中國駢文通史》（長春：吉林人民出版社，2002 年 1 月），頁 1031。

附　　錄

獨向文心深處行
——王更生教授《文心雕龍》
研究成就述要

　　王更生教授不僅為國內《文心雕龍》研究的重要學者，也是蜚聲海外的「龍學」專家，在長期耕耘下，「文心雕龍」更已成為先生的金字招牌。

　　先生視學術研究如生命，數十年如一日，時以每年皆有著作出版以自勉，從民國五十八年發表第一篇《文心雕龍》方面的學術論文——〈文心雕龍聲律論〉，六十二年正式於臺灣師大講授《文心雕龍》，其後四十年間，始終筆耕勤奮不輟，故研究成果相當豐碩。先生之專門著作達四十一種，其中《文心雕龍》方面的研究即有十三種（包括專著十一種、編著兩種），所發表之單篇學術論文二百餘篇中，以《文心雕龍》為主題者，則超過七十篇，四十載之間，先生在《文心雕龍》研究上用心之深、著力之勤，可見一斑。若推崇先生為劉勰的異代知音、《文心雕龍》

的當代傳人，當不為過。筆者受業於先生十餘年，謹將先生《文心雕龍》研究的主要成就，從推助普及之功、縱橫交織的系統性以及研究特識三方面，稍加梳理綜述成篇，以做為一代「龍學」宗師踏勘足跡中的一個註腳。[1]

一、益後生之慮——
先生對《文心雕龍》研究的推助普及之功

　　《文心雕龍》向稱奧衍難讀，且流傳諸版本詞句脫誤之處篇篇皆有，若無善本詳注做為輔翼，初學者恐難進窺堂奧。范文瀾註本雖行世有年，影響廣遠，卻引據浩繁，實不便於初學。先生在講授《文心》的迫切需要下，有鑑於前賢注本諸多侷限，於是決心別鑄新注，歷經十餘年，著成《文心雕龍讀本》上下篇（臺北：文史哲出版社，1985年），其集眾家校勘之長，並加上精注詳譯，梳理不少閱讀障礙，其旨即在於「擴大文心雕龍的學習層面，適應當代讀者的需求」。由於性質屬於「讀本」，故內容力求要約明暢，深入淺出，故極便於初學研閱。除書前有「總論」為《文心》全書提要鉤玄，書末另附相關文獻，若各篇體例則包括：「解題」、「正文」、「註釋」、「語譯」、「集評」、「問題討論與練習」，且正文行間參列各家校

---

1 本文原發表於《國文天地》26 卷 6 期（1999 年 11 月），為王更生教授辭世紀念專題所作。今特收錄於本書，用以感念書中諸篇深受昔日恩師啟引誨育之恩。

正異文，眉端則有段落大意之歸納，體例簡明完備，完全從讀者多方面需要出發，對於初學入門者而言，提供了莫大的通曉誦讀之便，故無疑可為大學中文系選修課程的最佳讀本。筆者擔任「文心雕龍」課程教學多年，皆以此書為教科用書，即深受其所發揮教學輔讀之便益。

另為「甄別部類，萃其菁華於一編」，先生編著有《文心雕龍選讀》（臺北：巨流出版社，1994 年），精選《文心》全書中之十七篇，除集校勘、註釋、集評於一身，發揮「讀本」之功能，並於各篇之後有解題，篇後則予以賞析，對其中重點加以分析闡發；而最為特別的，是將多年教學經驗中繪文成表的特殊體製──「圖解」，附列於各篇之末，以供圖文對照，達到執簡馭繁的效果。對於欲投石問路又苦於全書內容過多之初學讀者而言，此書也提供了一套較為精要簡約的學習法門。

此外，先生為使有志問津《文心》學子能得導引之途徑，先著有《文心雕龍導讀》（臺北：華正書局，1977 年），其後又大加增補改定為《重修增訂文心雕龍導讀》（臺北：華正書局，1988 年），書中除本於知人論世之原則，將劉勰其人、其書、其時代等背景資料略述梗概外，另針對《文心》內容組織、重要板本、行文之美、研讀方法、預修科目、發展趨勢、參考用書等，一一加以提挈，全面建立初習者應有概念，也充分發揮了「導讀」及概覽全局的功能。如書中提出幾點給讀者的建議：「要預修若干和文心雕龍內容取材密切相關的學科」、「要正確了解劉勰在文心雕

龍中所呈現的思想體系」、「要認識文心雕龍十卷五十篇的基本結構」、「要熟悉劉勰行文運思的習慣用語」及「要選擇一部合用的注本」等，實為先生研究經年的會心之見，由此也可略見先生繫念讀者、亟欲推廣學術的深切用心。

　　字句文義是深入理解的基礎，也是強化研究的輔助。先生以「益後生之慮」為責無旁貸之使命，從根本出發，為校訂、注譯、選輯、導讀等基礎工作，投擲大量心力，確實發揮了便利教學、普及學術之功，因而替《文心》拓展出一條較為平易的可讀途徑；而透過整紛理亂，化繁為簡的基礎工夫，更是讓後續研究得以枝繁葉茂，時時推新俱進的重要動力。在《文心》普及傳播與研究推助上，先生貢獻甚偉，功不可沒。

二、務先大體，鑑必窮源——
先生《文心雕龍》研究的系統性

　　《文心雕龍》本身創局弘富，體大慮周，五十篇中可開展出的學術論題自然極多極廣，故數十年間研究熱潮始終不減，蔚然成「龍學」之勢。先生研究《文心》專篇數量雖相當眾多，但卻很少追隨潮流，也不甘於僻處一隅，而是多從大體著眼，從切要處入手，從而沿波討源，旁推交通，是以頗能窺見其縱橫全局之企圖與脈絡。

　　先從縱向的學術淵源與影響方面的研究來看：先生早年對《文心》與群經、諸子之間淵源關係頗為關注，陸續

發表〈文心雕龍述詩經考〉（1977 年）、〈文心雕龍述書經考〉（1978 年）、〈文心雕龍述論語考〉（1980 年）、〈文心雕龍述孟子考〉（1980 年）等，以見劉勰著書鎔鑄經典之梗概。先生晚近又另將視角朝向《文心》研究史，以斷代分期方式撰寫〈龍學研究在隋唐〉（後改為〈隋唐時期的龍學〉）（1994 年）、〈兩宋時期的文心雕龍學〉（2004 年）、〈清代的文心雕龍學〉（2002 年）、〈民國時期的文心雕龍學〉（2005 年）、〈最近國內外（一九七四～一九八七）文心雕龍研究概況〉（1988 年）、〈中國大陸近五〇年（一九四九～二〇〇〇）文心雕龍學研究概觀〉（2008 年）；對於臺灣「龍學」發展情形則發表：〈臺灣文心雕龍學的研究與展望〉（1989 年）、〈龍學研究在臺灣〉（1992 年）等，並主編《臺灣近五十年文心雕龍研究論著摘要》（臺北：文史哲出版社 1999 年），凡此正可見先生對於「龍學」發展情形之高度關心及充分掌握。

　　除上述以歷史觀、世界觀、本土觀等宏觀眼光回顧檢視，先生亦進行了微觀的考察，如「龍學」家的研究方面，先生早年著有《文心雕龍范注駁正》（臺北：華正書局，1979 年），將民國以降影響最為廣遠的注本──范文瀾《文心雕龍注》，列為研究對象，詳予分析，提出在采輯、體例、立說、校勘、註釋、出處等六方面的缺失，對於范注之真貌，有詳實具體的評議；近年則針對「龍學」發展上有重要貢獻的專家前輩，如楊明照、李曰剛、潘重規等諸位先生，闡析發揚其成就，例如《歲久彌光的龍學家──

楊明照先生在「文心雕龍學」上的貢獻》（臺北：文史哲
出版社，2000 年）、〈李曰剛先生的「文心雕龍斠詮」〉
（2005 年）、〈潘師石禪在文心雕龍學方面的貢獻〉（2006
年）等皆是。另外，先生對於「龍學」發展中旁涉之相關
著作也進行了考探，如〈王應麟和辛處信文心雕龍注關係
之探測〉（1988 年）一文，經多方旁搜博證，推斷出王應
麟《困學紀聞》書中所謂「原注」即指辛處信《文心雕龍
注》之結論，是對僅留空目之辛注佚文遺貌的重要發現；
又如〈晏殊《類要》與文心雕龍古注〉（2004 年）一文則
又更進一步從《晏元獻公類要》書中所引辛注序文，討論
辛注成書時間、王應麟著述中「原注」指稱、文獻著錄等
問題，其上考下求，頗有助於「龍學」發展中學術疑案之
解決。先生往上追溯《文心》的學術淵源，向下推考其書
在後代影響、傳播、接受情形，其上下古今，不僅宏觀、
微觀兼顧，且可銜貫出縱向的歷史脈絡。

　　再從《文心》本身理論體系的橫面剖析來看：「文原
論」、「文體論」、「文術論」、「文評論」是《文心》
理論體系的四大支柱，先生除一一撰有專篇，分綱列目予
以闡釋析論外，更針對其中「美學」、「史學」、「子學」、
「風格論」、「風骨論」、「聲律論」、「文體分類學」、
「文學批評」等理論範疇，進行一系列的探討。這些專篇
或收錄於早期出版之《文心雕龍研究》（臺北：文史哲出
版社，1979 年重修增訂），或為稍後出版的《文心雕龍新
論》（臺北：文史哲出版社，1991 年）一書輯錄，均以通

盤檢視的眼光，掘發《文心》科條分明的理論內涵，從而揭示全書「體大慮周」、「籠罩群言」的文論妙諦。相較於傳統以訓詁、版本、考據為主要目標的研究成果而言，先生以論統篇，以篇繫論，尋繹篇與篇之間內在聯繫的研究取向，其性質、角度和方法已與傳統研究漸形區別，是故成果具體而顯，並將「龍學」研究推向更為接近當代「文學理論與批評」的範疇。

由此可見先生研究《文心》，既從字句小處入手，亦由其書大體著眼，既貫串「龍學」的縱向脈絡，又橫面剖析全書文論內涵，其縱橫交織、窮源竟流的系統性學術視野，當是先生《文心》研究成就的一大特點。

三、歲久而彌光——
先生《文心雕龍》研究的特識

先生以《文心雕龍》研究為首要志業，一路走來，自有學術理念的堅持，也自有研究的格調與步調。他忠於原典，以體察劉勰為文用心為期許，不僅在校勘上力求還原本貌，論述上也從不搬套西方理論，亦不強人就己，嘗謂：「我一直以來研究的是『劉勰的文心雕龍』，而不是自己的《文心雕龍》。」[2]先生學而不已，知難後進，故在長期著書、撰文的探索中，故能屢有創獲，並積澱出具顯著特

---

2 此為筆者多年聆聽先生在《文心雕龍》課堂授課時提及之語。

色的觀點。以下擇其中尤要者三項略加揭明：

（一）對劉勰及《文心雕龍》性質定位的重估

　　《文心雕龍》一書性質究竟何屬，向來眾說紛紜，莫衷一是，先生以為用「中國古典文論專家」這類名稱定義劉勰，將《文心》歸屬「文學評論專著」，皆未得根柢。是故先生屢經揣摩，深切體會彥和人格與為文用心之後，認為唯將此書視為「文評中的子書，子書中的文評」，方得切合彥和著書乃欲從文學之途發揮積極救世作用之用心，因此，彥和既非純粹的文學評論家，《文心》也不是一本純粹的文學評論專著，其確切的性質，如先生謂：

> 這種既有「思想」，又有「方法」的鉅著，如果說它等於西洋所謂之「文學評論」或「文學批評」，非愚即誣。所以我說《文心雕龍》是「中國文學理論中的經典」；而劉勰更是企圖挽狂扶傾，以文學濟世的「文學思想家」。[3]

先生此一重估，顯與其他學者有別。基於此點，先生又另撰〈劉勰是個什麼家？〉（1995 年）一文做更明確的揭示，指出必須從「對民族文化的高度認同」、「徵聖宗經的思

---

3 引見王師更生：《中國古代文學理論的秘寶－文心雕龍》（臺北：黎明文化事業，1995 年 7 月），頁 32。

想體系」、「文學濟世的偉大抱負」、「騁績垂文的高尚
風骨」以及「折衷古今的卓越眼光」等方面認知，方足以
體察彥和用心之真與用心之全。先生實事求是，以執著且
積極的態度為彥和《文心》「正名」，其苦心孤詣，不正
有知音情懷乎？

（二）彰顯劉勰徵聖宗經思想，提出文學三原論

　　當代「龍學」研究者多致力探索《文心》的創作論與
批評論，然先生則特別留意原道、徵聖、宗經諸論與文學
之關係，這不僅體現了彥和「文之樞紐」的理論特點，其
實也與先生研思歷程中所體認經典之關鍵價值有關。先生
著《中國文學的本源》（臺北：臺灣學生書局，1988 年），
全書九章即主要根據《文心》立論，揭舉經典對於中國文
學思想、中國文學體裁、中國文學創作、中國文學批評之
影響，並由經典本質出發，提出「師法經典之意」、「推
尊經典之體」、「模仿經典之文」、「擴大經典之論」等，
做為中國文學向經典認同之具體方法，充分凸顯先生力倡
文學應立足傳統的用心。此亦可從先生其他書中之語窺得
此一情懷：

　　　　彥和丁茲唯美主義盛行之六朝，人皆諾諾，彼獨諤
　　　　諤，高揭徵聖宗經之纛，作正末歸本之吼，不覺躍
　　　　然興起。當今中西文化急遽交流之際，深覺文學乃
　　　　溝通情意之橋樑，吾人如欲知古知今，知人知我，

> 尤其欲知中國文學發展之源流，及其博大精深之內
> 涵，與夫當前文論之正確指標者，則彥和「文心雕
> 龍」之為說，實應奉之若拱璧，視之若明燈矣。[4]

其諄諄苦心，實先生欲藉《文心》鴻論，以警惕世道人心
的又一明證也。晚近先生正式發表〈劉勰的文學三原論〉
（1999 年）一文，闡發彥和正面宗經與反面宗經之旨，並
從「文學的共原」、「中國文學的自原」以及「中國文學
的變原」，來綰合《文心》樞紐論體系中「道」、「聖」、
「經」、「緯」、「騷」之內在聯繫，可說是為彥和立說
「觀瀾索源」的絕佳詮釋。先生研治《文心》，最留意民
族特色之彰顯，由徵聖宗經之旨，暢論文化理想與危機，
處處蘊含知識分子的正言讜論與慧眼，此不亦「為文須有
益天下」之儒士遺風歟！

（三）抉發《文心雕龍》之學術價值

先生深切體認《文心雕龍》書不苟作的撰著精神，除
在理論內涵層面進行挖掘探索外，也以積極正面態度，揭
示《文心》所獨具的學術價值。如〈文心雕龍的學術價值〉
一文中，專就系統完備的思想體系、顛撲不破的理論、歷
久彌新的適應性、鉤深窮高的學術基礎等方面，強調《文

---

4 引見王師更生：《文心雕龍讀本·序言》（臺北：文史哲出版社，1985
年 4 月），頁 9。

心》不凡的學術價值，並概括其書對後世學術界的影響，像是：開文章作法之先河、集古代文論之大成、啟後世文話之新運、創文學史寫作之成規、樹立文學批評之典範、為中國文學找到靈泉活水等，先生對《文心》學術價值充分給予肯定與推崇，並作全方位評估，充分展現了宏觀的眼光。至於先生嘗試進一步突破純理論範疇，將《文心》學術價值延展應用至語文教學方面，亦頗有深思卓見，如〈文心雕龍在國文教學上的適應性〉一文，先生以斟酌損益，權衡時需為旨，從彥和文學思想觀念看國文教學的內涵、從《文心》文體論談國文教學的「辨體」功能、從《文心》文章作法論談寫作教學、藉由《文心》批評論以及「六觀」之法談國文鑑賞教學等，對於文學理論與教學實務間的溝通連繫，提供了可資借鑑的綱領。

四、結　語

　　學術之路本即充滿著孤獨和艱苦，若非懷抱高度志趣，加上自律甚嚴的性格，恐怕很難甘之如飴，更遑論能達到崇高成就。

　　先生從民國五十八年發表第一篇《文心雕龍》的研究論文起，從此便與「龍學」結下不解之緣，四十餘載間，幾乎可謂一日不可須臾或離。不論在教學、研究、普及推廣，抑或國際學術交流上，先生均勤勉從事，且不遺餘力，由於長期將研究心力轉化為推動《文心雕龍》的能量，故

在《文心雕龍》研究熱潮達致高峰的路途上，先生實居關鍵之位。

　　本文受限於篇幅，對先生成就僅能作輕描淡寫式的概括，其未能及者，亦頗有拙筆難逮之憾。唯執筆之際，展讀恩師遺著，追憶往昔論學風采，不禁又百感交集，益增想望之情。謹以此短文饗諸學界，以共同緬懷一代「龍學」大師之身影。